# 組織を自動化させるリーダーのための相性分析入門

小副川英史（おそえがわひでふみ）

みらいPUBLISHING

人は
無意識で動くことがほとんど
意識
無意識
行動
無意識な行動が
人を傷つけたり
仕事を妨げる
ケースがあります
なぜ…
自分の行動
相手の行動
嗜好
経験
脳のクセ
潜在意識
気質
それを
防ぐために
大切なのは
自分を知り
相手を知ること
なのです
その
具体的な方法を
3つの
ストーリーで
ご紹介します！
コンサルタント
小副川英史（おそえがわ ひでふみ）
次のページへ
GO！

## case 1 採用時のミスマッチを防ぐには

わがままで
楽してお金を
稼ごうと
するから
♪
チームでも
不協和音が
起こってしまって
とても困っている
って…
そんなっ
ハキ
ハキ
面接のときは
とてもやる気に
溢れていて
期待していたのに…
営業部長は
営業部のエース
小林さんのような
人材を求めているんだよ
小林さんは
若くして営業で
トップの成績
しかも上長からの
信頼も厚く
論理的に仕事をこなす
優秀な人材
とにかく今度からは
ちゃんとした人材を
採用するように
してくれよ
ははぁ…
ちゃんとした
人材…
小林さん
みたいな…って
ことだよな…

…って言われてもなぁ…
どうやって見つければいいんだ…
大久保くんもちゃんとした人材だと思って採用したわけだし…
ウラ、、、
人の中身をたった数十分の面接で見抜くことなんて
できるわけないじゃないか…
なにかいい方法…ないかな…
カチ・・
ワラにもネットにもすがる……
ぬっ
そんなときは相性分析テストさ!!
ハイ
ちょっと寄せますよ
え

なんだ
あんたはッ!!
ミスター・オーと呼んでくれ!
「思っている仕事とスタッフが出してきた仕事の結果が違う」
「期待して採用したのに使えない」
君は採用担当者としてそんなところで悩んでいるんだろ
ど
どうしてそれをっ
僕は君のように悩んでいる人を救うコンサルタントだからね
救ってくれる!?
救うって…
一体どうやって?

小林
営業部長が欲しがっている人材は
優秀な部下の小林さんのような人なんだよね？
はは はい
小林'
こばやしダッシュ
だったら小林さんと同じタイプの人材を見つければいいんだよ
それができないから困っているんじゃないですか

大丈夫 それをできるようにするのが
相性分析テスト
なんだ
相性分析テスト？

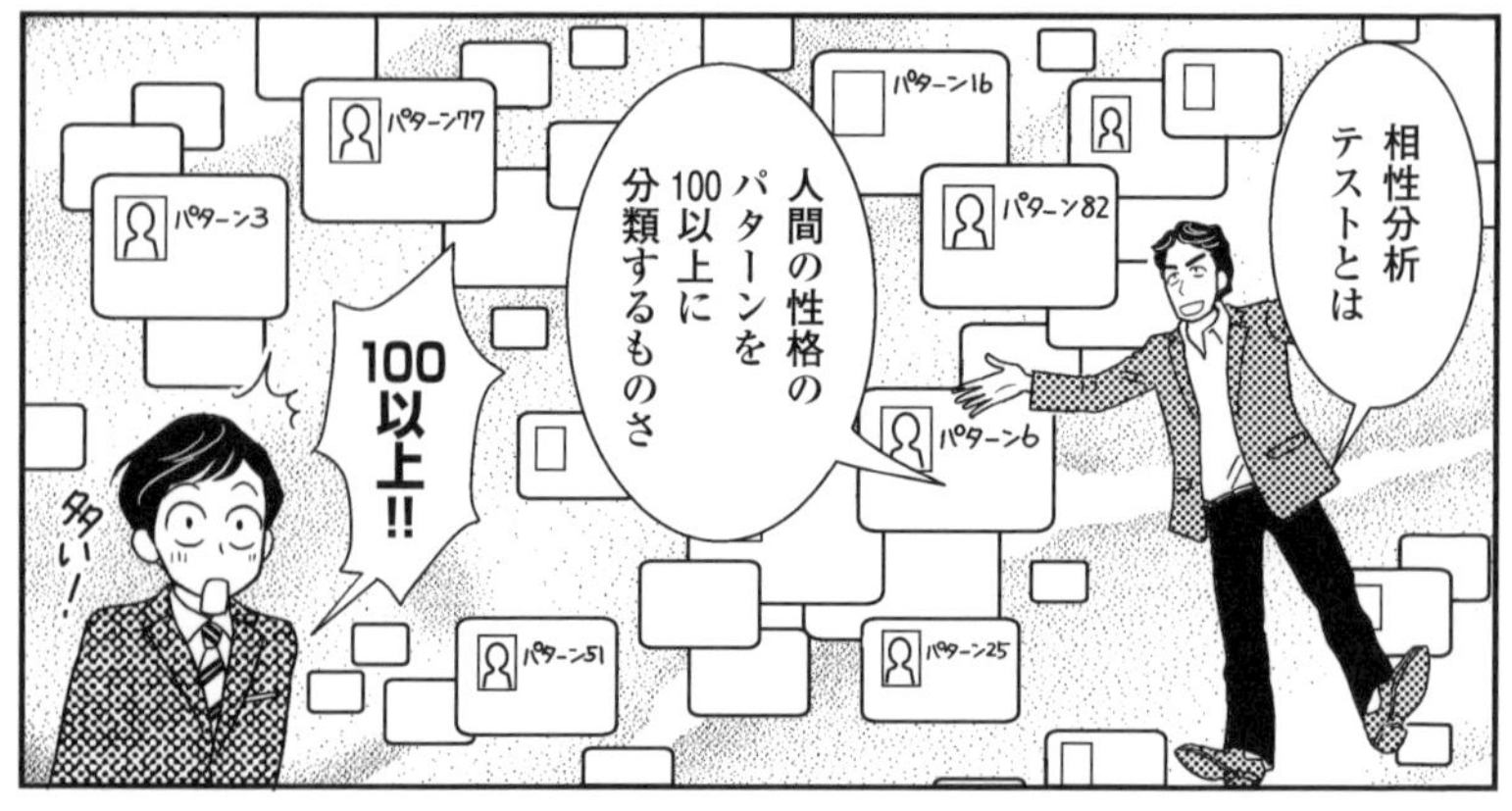
相性分析テストとは
人間の性格のパターンを100以上に分類するものさ
パターン16
パターン77
パターン3
パターン82
パターン6
パターン51
パターン25
100以上!!
多い！

分析
データ群
エントリー者の
パターン分析
採用側が欲しい
優秀な人材に
似た性格の人材を
採用すれば
相性分析テストを
採用前に行い
欲しいタイプの
人材を
採用
君が抱えるような
問題は
解決するんだよ
本当に
そんなことが
できるんですか…？
じと〜〜
疑り深く
なっちゃってる
な……
では実際に
小林さんと
大久保くんに
相性分析テストを
受けてもらおう
ぱっ
相性分析
テスト
START
明確に違いが
出るはずだ
ナルホド

適性テストのようなものはほかにもあるけど
結果が100パターンというのは期待できるかな…
結果がでたよ

**小林さんの性格タイプ**

- 正しい、正しくないが論理的に理解できる
- 仕事に対するやりがいも高い
- 社会性が高く共感する内容であれば上司の指示を真面目に捉えて指示を達成すべく大人として合理的に行動する

**大久保くんの性格タイプ**

- 感情的で自己中心的で子どもっぽいため組織（チーム）全体像が見えにくい
- やりがいも低いがお金の執着だけは高く楽をしてお金をもらいたいと無意識で反応する
- 指示をしても「自分の気持ちを分かっていない」という表情が反射レベルで出る

このとおり！

やっぱり全く違うタイプだったよ

大久保くんの結果が営業部長の話のとおりです
こんなことまでわかるんですね…
採用側
採用したいタイプ
このテストは様々な角度から価値観を分析しているから
エントリー側
入社前にこの相性分析テストを行えば
採用におけるミスマッチを防ぐことができるんだ
なるほど!!

納得していただけたかな
はい!!
採用の悩みが解消されそうです
数ヶ月後
ぜひ導入させてください!!
山田くん
はい
営業部長が今年の新人はみんなとてもいい人材だって褒めていたよ
ぐっ

それだけじゃない
開発部もシステム部もいい人材が入ってきたって喜んでいた
そうですか！

相性分析テストで社員の性格に合った部署に配属したおかげですね
営業部
欲しい人材のタイプ
活躍できるタイプ
開発部
欲しい人材のタイプ
活躍できるタイプ
システム部
欲しい人材のタイプ
活躍できるタイプ
相性分析テストさまさまだな
はいっ！
相性分析テストと出合えてよかった！
ありがとうミスターバイオー!!
ぐっ

case 2
上司と部下の認識のズレをなくすには
企画書
大場辰吉（36）
おおばたつきち
新井さん
はい
いかがですか
全然違うんだよ
え
俺が望んでいる企画は
もっとインパクト重視でお客様に喜んでいただけるものなんだ
そのつもりで作ったんですが…
う…
そのつもりって…

どうして
こちらの意図が
伝わらないんだろう…
もういいよ
俺が
やっておくから
す
すみません…
はぁぁ〜…
カコ
どうか
したのか？
どれだけ
説明しても
新井がきちんと
仕事をして
くれないんだよ
ええっ
中途で入った
期待の人材
だろ
ありゃー
なにを言っても
通じないん
だよね
はぁ…
ストレス
溜まるわ…
!

あわわ
企画が通らないからってそんな落ち込まなくても…
だって
前の会社の上司は私の仕事を評価してくれたのに
今の上司は全然 評価してくれないの
同じようにがんばってるのに…
新井が前の会社で評価が高かっただって…
信じられない…
まー あんま悩みすぎないようにな
じゃ オレこれから会議だから
お、おぉー またな
なにが悪いんだ？
もしかして俺の教育が問題なのか？
君が悪いわけでも新井さんが悪いわけでもないんだよ

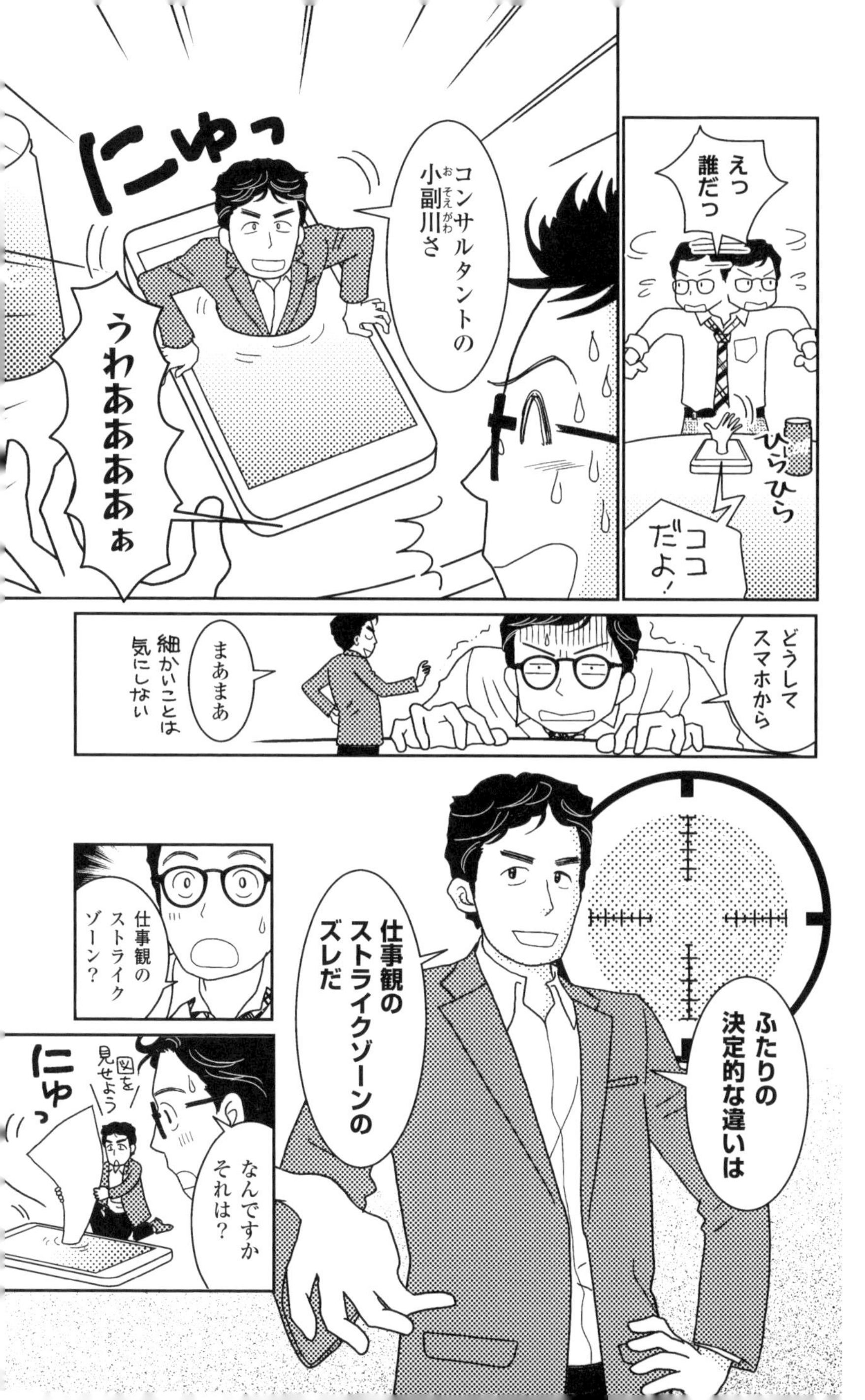
えっ 誰だっ
ひらひら
ココだよ！
にゅっ
コンサルタントの小副川さ
おそえがわ
うわあああああぁ
どうしてスマホから
まあまあ
細かいことは気にしない
ふたりの決定的な違いは
仕事観のストライクゾーンのズレだ
仕事観のストライクゾーン？
図を見せよう
にゅっ
なんですかそれは？

イメージとしてはこんな感じ
大場のストライクゾーン
高いレベルで仕事をしなくてはいけない
やったらいけないことややってもらいたくないこと
新井のストライクゾーン
高いレベルで仕事をしなくてはいけない
やったらいけないことややってもらいたくないこと
ストライクゾーンとはそれぞれが「高いレベルで仕事をしなくてはいけない」と思っている部分さ
えっ
これを見るとほとんど重なってないじゃないですか！
そのとおり
おそらくふたりは重なる部分がない
もしくは重なる部分が一部のみという状態さ

だから
大場さんが
『もっと
高いレベルで
仕事をしてほしい』
と思っていても
新井さんに
とっては
『そこまで
やらなくていい』
となる
わーん
どうして
そんなことが
起こるんですか？
要因は
様々だ
たとえば
大場さんと新井さんの
脳の癖や潜在意識・気質が
違うため
新井's
価値観
脳のクセ
経験
潜在意識
気質
大場's
価値観
経験
脳のクセ
潜在意識
気質
その違いが
仕事のストライクゾーンに
無意識に反映されて
しまうんだ
同じ経験を
したとしても
得た価値観も
変わる
そ
そんな…
じゃあこれからも
ずっとズレた
ストライクゾーンで
仕事を
し続けないと
いけないんですか？
ちっ
ちっ
そんなことは
ない
えっ

これが
ストライクゾーンの
ズレを修正する
フローチャートだ!

## ① レクチャー

大場が会社の理念、目標から仕事で重要視されているものを新井にレクチャーする。

## ② リストアップとランキング

新井が理念のレクチャーに基づいて仕事でやらなくていいこと・やってはいけないことをリストアップ。

それを重要度で並び替え、数字でランキングにする。

## ③ ゾーン分け（ズレ修正）

大場は新井がリストアップ&ランキングにしたものを並び替える。

大場のゾーン分けの判断基準を明確にして新井に伝える（ズレ修正）。

大場'sランキング
1 ☆
2 ○
3 ♧
4 ♡
5 ◇
6 □
…
並び替え
価値・理念
判断基準
新井'sランキング

## ④ フィードバック

新井のランキングを大場の仕事の価値観の順番で並び替えて、仕事の優先順位や価値観を理解させる。

並べ替えた基準とその理由を理解させ「今までなぜ評価されなかったのか」「今後なにをしたら評価されるのか」を明確にする。

※大場が増やす場合あり

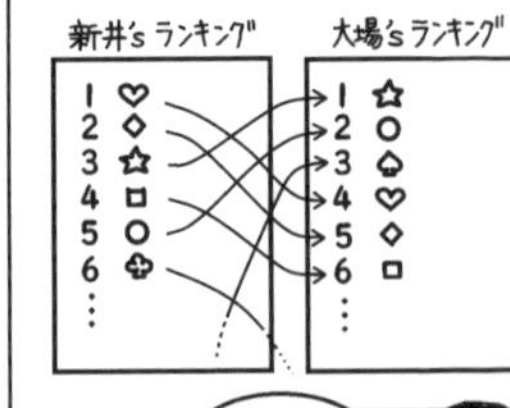

しっかりと根気強く仕事の価値観を伝えることが大切なんだ
価値観を
伝える…
そうですね…
言わなくてもわかるだろうって俺の常識を押し付けていたのかもしれません
ちゃんと伝えることが大切なんですね
私もちゃんと聞けばよかったんですね!!
新井さんっ!
ひょい

ポイントは
人格否定や
傷つけることは
せず
こそっ…
ストライクゾーンと
ボールゾーンを
理解して
行動だけ修正して
その修正を応援する
という気持ちだ！
理解
修正
応援
応援か…
大場さん
ストライクゾーン
教えてください
よろしく
お願いします！
わかった
これから一緒に
がんばろう！
数週間後
LIST
RANKING

新井さん
X社の件だけど
はいっ やっておきました
おっ 仕事が早いな
ストライクゾーン ど真ん中ですから
助かるよ
小副川さんのおかげで
新井さんは自動的に目標を達成する人材に生まれ変わった
お互いのストレスも激減！
やったね！

case 3 部下を効果的に教育・評価するには
園田直美（33）
ふぅぅ〜…
まさか君の会社までリモートになるとはね
ほんと！
まぁ通勤がないからその点は楽でいいけど…
コキ
いろいろと問題があるのよね
うーん
問題？

教育よ
リモートになったことで
新卒社員がちゃんと成長しているのか確認できないの
くいっ
それは大きな問題だな
高橋くん大丈夫かなぁ
新人・タカハシ
全然…
大丈夫じゃないよ
一体なにをどうすればいいんだ!!

数日後
おっ
高橋くん
ようやく
企画書提出
してきたわね
どれどれ…
う……
これだけ
時間かけて
このクオリティ
しかも この前
指摘した部分が
直されてない…
やばいわね
これは
どうした
ものか…
すぐに
対応しないと
まずいよ
えっ
誰
なにっ？

ばーん!!
ええっ
コンサルタントの小副川さんじゃないですかっ!!
どうしてそんなところに?
テレビの中?!
ふふふ
これが僕なりのリモートワークさ
ちょっとなに言ってるのかわかんないんですけど
さて問題の高橋くんだが—
このままではなかなか戦力として使えません
なんとかなりませんかね?
高橋くんの採用時の相性分析テストでは
「子どもっぽく承認欲求が強いタイプ」と出ているので
オンラインでの仕事はきついかもしれない
やっぱり…

仕事の効率も あまり よくないんですよ…
また自分のミスなど 隠す可能性がある
その点 注意して 見てみないと
心当たり あります…
高橋くんは 感情要素も 強いから
彼の立場から 話をスタートして 評価システムを 活用する必要がある
性格
価値観
嗜好
経験
評価システム 活用

弊社では 評価システムは 従来のものを オンラインでも 導入しています
いいね！
評価システムは 一人ひとりの 仕事の目的・目標を 企業理念中心に 明確化し
きちんと 作りこむことが 重要なんだ
評価 システム
企業理念

ところで君たちが使ってる評価システムは減点方式じゃないか?
そうです
昨今は減点方式で評価システムをやると
病む人が増える傾向にある
慣れないリモートワークでストレスが溜まっている今は
加点方式がオススメだ
マイナスがたまる…
大事ですねっ
褒められる行動など具体的な加点で評価システムを運用するんだ
評価
たまってきた♡
プラスを積み重ねる!
すると本人の自己肯定感も上がり成長していくから
本人も楽しくなると思うよ
自己肯定感
プラスがいっぱい!!
なるほど
わかりましたやってみます
あと評価システムだが
高橋くん本人に採点・自己申告をしてもらって
え どうしてですか?

園田評価
高橋's自己評価
A
B
C
D
A
B
C
D
自己評価と園田さんの評価のズレを教える必要があるんだ
めちゃくちゃズレてるかもしれません…
そのズレを修正し応援していくんだよ
わかりました！
数日後
ポーン
高橋雅
高橋くんの自己評価上がってきた！
カチ
ふむ…
たしかに
小副川さんが言っていたように
少し承認欲求が高いように感じるな…

よし
これを
ふまえて…
カタ
カタ
オンライン面談
おひさしぶりです！
ひさしぶり
だね
コロナの時代で
高橋くんの
気持ちや苦労が
わかるといった
共感することが
大切です
いきなり自宅で
仕事になって
戸惑っているとは
思うけど
大丈夫かな
そうですね
困ったときに
相談できる人が
そばにいない
のはやりづらい
です…
共感…！
わかるよ
大変だよね
そして
思いやりと
がんばりに対する
感謝を伝えて
あげてください
よし！
高橋くんには
とても
感謝しているのよ
え

こんな大変なときに試行錯誤しながらやってくれているでしょ
その気持ちが嬉しいの
あ
ありがとうございます
ただ少しね
思い込みと思われるズレた部分がいくつかあったから
説明させてもらってもいいかな
ええもちろんです
よろしくお願いします！
数日後
小副川さんのアドバイスどおりでした
提出される資料など格段によくなっています

そうだろう
高橋くんのタイプは小さな成功体験をくり返すことでしっかり成長するはず
わかりました
世の中の変化に合わせて働き方も変えなければいけない
これからも一人ひとりにあった働き方を提案できるようにがんばって
はいっ！
ではさらば
お茶も出さずにすみません
さらにあたらしい生活様式……
スゴイ…

よいしょっと
皆さんいかがでしたか？
相性分析テストの活用方法について3つのケースを紹介しました
しかし
相性分析テストで得られる情報はまだまだあります！
人間関係
生産性
教育
QOL
マネジメント
情報共有
コミュニケーション
このあとでもマネジメントや教育 人間関係コミュニケーションなど数多くの事例を含めて紹介していきます
ぜひ参考にして御社でもご活用ください！

# はじめに

２０１９年、最低賃金が過去最高額で引き上げられ、生産性がＯＥＣＤ諸国中世界26位（日本の生産性は先進7ヶ国で最下位）という現状にもかかわらず、働き方改革により労働時間が減少した。

そのお陰で一部ではあるが、仕事という義務を果たさないで、権利だけを主張し生産性を下げ、足を引っ張る人も出てきている。

２０１９年は消費税10％、２０２０年は新型コロナウイルスにより、オンラインでの仕事というパンドラの箱を開けたことで、仕事のマネジメントの方法が外注管理に近づいていくなど、ビジネスの景色が大きく変わっている。

企業の体力を奪う時代の波が押し寄せる。

＊＊＊＊＊＊＊＊＊＊＊＊＊＊＊＊＊＊＊＊＊＊＊＊＊

はじめまして。

コンサルタントの小副川英史（おそえがわひでふみ）です。

私は、全国の医院を中心に、新規開業のコンサルティングと、1万人以上の採用分析、採用後の労務管理、開業後の経営コンサルティングを行ってきました。独立して16年目になります。


内科のクリニックでは、人件費の平均は売上の約17％だといわれていますが、実例として、私のコンサル先は、経営者が相性のいいスタッフを採用しているため、約12～13％で収まっているケースが多いです。

「相性」のいいスタッフといいましたが、相性がいいというのは、経営者とスタッフの間に信頼関係があるということです。

信頼関係がある人と仕事をすると、仕事のスピードはアップし、効率よくスムーズに運びます。この中に勝手に回るような仕組みができたら、非常にやりやすくなります。

一方、信頼関係のない職場は、仕事のスピードが遅くなるため、人がたくさん必要になり、自然と人件費が上がってしまいます。信頼関係がないもの同士の足の引っ張り合いが起きて、生産性が落ちた経験はありませんか？

また、オンラインでの仕事が増えてきて、信頼関係の構築が難しくなってきました。信頼関係を構築するためのノウハウや、信頼関係の構築しやすいスタッフを採用するなど、以前と労務市場のマネジメントが変わってきていると感じます。

この本では、「相性分析を用いたスタッフの採用や労務管理」についてお話しします。

経営者やリーダーの皆さん、部下やスタッフの労務管理をする中で、次のような困ったことはありませんでしたか？

期待して採用したのに、使えない。

指導して「わかった」と言うけれど、どう考えてもわかっていない。

経営者や管理者が思っている仕事と、スタッフが出してきた仕事の結果が違ってやり直し。

そうすると、ストレスがたまる（使えねえな）。

寝ることができない（いつまでこれ続くんだろう）。

イライラする……。


スタッフがすべてを理解して、「うちのスタッフは優秀、何も指示しなくても知らないうちに仕事が終わっている」というシーンを体験できたら最高ですよね。

そうするには、しっかりスタッフを教育すれば解決すると思っていませんか？

実際、教育してみた結果はどうでしたか？　うまくいきましたか？

伝え方が厳しかったのではないか？　と思うかもしれませんが、実は、思ってもいなかったところにうまくいかない原因があります。


私のコンサルティングでは、経営者や管理者、副業で経営を始める人の相性分析や、採用・管理対象のスタッフの相性分析をして、その気質特性を理解することで、その特性に応じたマネジメントをお伝えしています。

この本を読めば、

- **スタッフの特性を活かしてマネジメントができるようになります。**
- **優秀なスタッフを採用できるようになります。**
- **スタッフが勝手に、目標に向かって頑張ってくれます。**
- **相性がいいスタッフばかり採用できるようになり、労務に関してのストレスがなくなります。**

私のコンサル先の事例を挙げるなら、業界平均の人件費の3分の1以上安くすんでいるコンサル先、月初から3日目で毎月の人件費や家賃の支払いが終わってしまい、それ以降が利益になっているコンサル先があり、人件費が安くなる、スタッフが辞めないということで、それを聞きつけた企業や会計事務所など、他の業種からもコンサルの依頼が来るようになり、それがきっかけで本の出版を決めました。

この本は、1～6章で構成されています。

1章は、労務マネジメントがうまくいかない理由について詳しくお伝えしています。

2章は、相性分析について。私がコンサルティングのときに使用している相性分析について簡単に説明しています。

3章は、相性分析に基づいた採用について、気質別に向いている仕事を数パターン紹介します。

4章は、実際に相性分析を使った採用で、業績がアップしている企業や医院を紹介しています。

5章は、スタッフマネジメントを促進させるポイントを伝えています。

6章は　労務管理の部分も含めて、この本のまとめを書いています。

ぜひ、この本でスタッフをうまく使い、業績アップにつなげていただけたらと思います。

そして、この本で相性分析に興味を持っていただけた皆さんには、実際に相性分析をしていただきたく、この本の巻末に、連絡先を載せています。

そちらにアクセスしていただき、相性分析をしていただければと思います。

『組織を自動化させる　リーダーのための相性分析入門』目次

第２章

# 相性分析とは？……85

第3章

## 相性分析を用いた採用と労務管理……105

第5章

# 相性分析と5つのキーワードでスタッフマネジメントを促進する …… 139

第６章

労務管理を理想的にする ……… 155

# 第１章
# 労務マネジメントが
# うまくいかない12の理由

味方であるべきスタッフが、あなたの悩みになっていませんか？

経営者や管理者の皆様、スタッフとの関係は良好でしょうか？　部下やスタッフをうまく使えているでしょうか？


**うまくいっている経営者とスタッフは、仕事の認識や価値観が一致**しています。

一方、うまくいっていない組織は、仕事に対しての考え方や成果物の捉え方が違っています。スタッフとうまくいかない理由がわからずに、苦労されている経営者も多いのではないでしょうか？

この章では労務マネジメントがうまくいかない12の理由についてお伝えしたいと思います。

# 理由1
# 経営者・管理者の言動が一致していない

## ▼言っていることとやっていることが違う人は信頼されますか？

経営者やマネージャーが理念に沿った行動をしていれば、人はついていきやすくなります。しかし、理念を熱く語っていても、それと真逆のことをしていれば、ついてこなくなるのは当然です。

私のコンサルでは、理念とビジョンが非常に重要だと伝えています。理念とビジョンがあって、経営者やリーダーがそれらを共有し、目標に向かって理念に沿ったアクションプランを実行していれば、売上は、当然のように右肩上がりに伸びていきます。

逆に理念は掲(かか)げるだけ。行動と一致していない人はどうでしょうか？

そんな人は、無意識に自分の感情で発言や行動を変えてしまっていることがあります。

上司が少しでも発言や行動を変えてしまうと、部下やスタッフは混乱してしまいます。

そして、上司のことが信用できなくなってしまいます。

情熱があってブレずに前進している人、その場その場の状況に反応してしまうブレブレの人、どちらについていきたいと思うでしょうか？

言っていることとやっていることが違う人は、信頼されるでしょうか？

コロコロ意見を変えるカリスマは存在するでしょうか？

教祖様がブレていたら、信者もついていくことができませんね。


その場その場の感情に振り回されている人は、リーダーに向いているとはいえませんが、リーダーになってはいけないということではありません。

感情的な人の特性として、無意識に好き嫌いで判断してしまい、マネジメントを自分で壊してしまうことがあります。そうならないように気をつける必要がありますが、ゴール地点まで部下を一緒に連れていくのがリーダーというものです。

ついつい感情的になってしまうリーダーは、しっかりと綿密にアクションプランを立て、毎日それに沿って、忠実に行動してください。

そうすれば、感情的な人であっても、ある程度は成功するパターンに持っていくことができます。

私のコンサルティングでは、相性分析をして、自分のタイプを知っていただきます。そうすると、修正しないといけない行動が見えてきます。

性格はなかなか変えることはできませんから、行動を変えるだけでいいのです。何をすればいいのかがわかれば、うまくいくのです。

## 理由2
# 人の型(タイプ)を理解していない

**▼同じ現実でも、タイプによって見えているものが違います**

労務マネジメントがうまくいかないことの一つに、部下のことをわかっていないということがあります。

「なぜ、○○さんは私の言っていることがわからないのか？」など、部下の考えていることがわからず、嘆きたくなった経験はありませんか？

こんなふうに思うのは、部下の気質がわかっていないからです。

上司も部下の気質を知っていると、部下の考えていることがわからず、イラつくことも減ります。また、相性が悪いとわかっているなら、事前に確認をしておかないと行き違いが生まれそうだと気づいて、トラブルを避ける確率を上げることができます。

上司も、自分の価値観が正しいと思えば思うほど、部下との関係にズレが生じてしまいます。価値観というのは、生まれてから今まで同じような経験を積んでいるのであれば、考え方や行動は似ているはずです。しかし、違う経験をしているのであれば、違って当たり前であり、理解できないことがあったり、問題が起きたりするのは当然のことなのです。

価値観が大きく違うと、見えているものさえ違います。

例えば、会議中、2人の社員が呼び出され、全社員の前で注意をされたとします。一人は注意された内容についてを理解し、改善しようと思いました。しかし、もう一人は、人前で恥をかかされたと思ったそうです。一つの出来事でも、捉え方が全く違うのです。

ほとんどの企業がタイプの違う人間を、一緒に教育しようとしているので、そこにも問題があります。これは、私が一番言いたいことです。

上司は、自分の部下は、自尊心が高いのか低いのか、お金に執着心があるかないのか、仕事に対する価値観など、どんな気質なのかを理解しておく必要があります。先ほどの会議での話のように、気質の違う人であれば、注意の仕方も違うはずです。

**部下の気質を知ろうとせずに、どちらが正しいのか話をしても誰もわかりません。**

**部下の気質がわかれば、上司が部下の視点まで降りてきて、違いに合わせて、指導していくことができます。**

採用のときに、自分と仕事観の近い人を採用するのか、それとも採用してから、仕事観を教育していくのか？ やり方はそれぞれです。

昔は、新卒で採用してから、3年、5年、10年と時間をかけて教育していくことができたのかもしれませんが、経験のないことを教えてもなかなか自分のこととして入ってきません し、仕事観は多様化していますから、最近では仕事観を教育するより、採用のときから仕事観が似た人を採用する方がいいのかもしれません。

## 理由3
# 自分のことが好きじゃない

### ▼あなたやスタッフの自尊心は高いですか？　低いですか？

「自己肯定感」という言葉を最近よく耳にしますが、自尊心も同じく、自分のことを尊重する気持ちのことをいいます。自尊心は、小学生までの家庭環境が大きくかかわってきていますが、労務マネジメントの中でも、自分のことが好きかどうかというのは、業績や成果に大きく影響しています。

特に営業をしている人は「自尊心」がとても大事です。想像してみてください。
自分のことが大好きで自信満々の営業マンと、自分のことが嫌いでどこか自信なさげな営業マンが同じ商品を売りに来たとしたら、あなたはどちらから買いたくなるでしょうか？

答えは明確ですね。人は、その自信満々な姿に信用をして買ってしまうのです。

それに、自尊心が高い人は、自分に自信があるため、相手を肯定するような態度で接します。たとえ、攻撃されるようなことがあっても、相手のことを責めるようなことはしません。それに、相手のことを許すことができます。

だから、自然と人が集まります。

逆に自尊心が低い人は、自分に自信がないので、無意識に自分を守ろうとします。

そのため、相手の欠点を探したり、相手を責めて相手を傷つけてしまうこともあります。

自尊心が高い人と低い人、どちらに人が集まるでしょうか？　そして、リーダーにふさわしい人はどちらでしょうか？

儲かるという漢字をよく見てください。

儲かるという漢字は「信者」という言葉が合わさって、儲かるという漢字になっています。結局、かかわった人が自分の信者のようになってくれれば、自分が売るサービス・商品はどんなものでも買ってもらうことができるのです。

そこで、ビジネスも大きくなっていきます。

また、自分のサービスをどんどん売っていくには、勧めるもの自体に心から惚れ込んでおくというのも大事です。「このサービス（商品）を買わないと、あなたの人生、損しますよ」ぐらいの気持ちで伝えてください。

私がコンサルをした医院でも、患者様が１人来れば、それでは終わりません。口コミがどんどん広がって、例えるなら、まんが「日本昔ばなし」の『花咲かじいさん』の桜の花のように広がっていきます。

## 理由4 自分の立場だけで考えている

**▼お互い自分の立場で物事を捉え、考えているのでは、いつまでも平行線です！**

ユダヤの方や華僑の方のように世界的にビジネスで成功している人を見てみると、ユダヤの方にはユダヤ教の思想があり、華僑の方には中華思想があります。例えば、ユダヤの方や華僑の方が他の国でビジネスを興すときなどは、現地の思想とユダヤの思想、または現地の思想と中華思想で物事を多方面からみるそうです。

そうすると、本質に沿ったビジネスができるようになり、成功する確率が上がるそうです。

これは、人間関係も同じで、片側からしか見ることができない人は、自分が正しいと思い込んでいたり、自分がどれぐらい能力があるのかをわかっていなかったり、見えていない部分が非常に多いです。全体像が見えていないがゆえに、こだわりが強くなってしまうこともよくあります。自分が正しいと思っている限りは、成長することはありません。

今後、組織を大きく発展させていくには、提供するものがお客様の期待値を超えるものでなければなりません。そうでなければ、拡散していかないのです。人の期待値は経験するごとに上がります。お客様自身もいろんな体験をして期待値はどんどん上がっていきます。経験した期待値の上をいかないとお客様の満足度は高まりません。

事業の成長もビジネスのステップアップを考えて、仕事をしているでしょうか？

最近は、多くの人が新型コロナウイルス感染症による環境の変化などでイラついていま す。ストレスを抱えている人が増えています。一つ商品を売るにしても、売り込みと感じたら、拒絶されてしまいます。ですから、お客様を不安な気持ちにさせないよう、疑問を一つひとつつぶしていったり、ストーリーを持たせたり、全体の導線を考え、丁寧に売る必要があります。

それに、社会性のあるものしか受け入れられない傾向にあります。世の中自体が共感できないものを攻撃する時代です。

仕事というものも、社会的な責任を意識した方が受け入れてもらいやすいです。

自分の立場しか考えずに目の前の作業だけしているような人は、この先の発展は難しいでしょう。**全体像がわかっているから、最善の方法が見えてくる**のです。

多方面から見ることができる目を養っていきましょう。

## 理由5
## 仕事には目的・目標・期限があることを伝え、理解させていない

**▼作業が目的になっていませんか？　目に見えるものだけを仕事と捉えていると大事なことを見逃してしまうことがあります**

目的、目標を示してあげるのは社長や管理職の仕事です。優秀な社長や管理者やリーダーは一旦、目的・目標を掲げると、ほとんどの人が達成しますが、部下やスタッフは、目的や目標を持つ意味を社長やリーダーと同じように捉えているでしょうか？

上司は、目的、目標を掲げ、それを達成することによって、どういう影響を会社全体に及ぼすのか、その意味を理解し、部下に伝えなければなりません。それは口に出して伝えないと伝わりません。理由を言われてお願いされるのと、理由を言われずにお願いされる

のは、どちらが動きやすいですか？　意味を知るだけでも捉え方やモチベーションも変わってきます。理由を聞いた方が、心が動きますし、どんな人も頑張ることができるものです。

そして、いつ何時(なんどき)も部下には、今やっている仕事は目標に直結しているかを意識させることも大事です。特に目標は、期限や数字だけでなく、イメージとして覚えてもらうようにしましょう。人は、イメージできないと、行動できません。イメージできていないものを実現しろと言われても、イメージを捉えることができないので、実際に何をすればいいのかわからないのです。イメージを頭に描くことができたら、人はその方向へ向かうことができるものです。ですから、その仕事の目的・目標自体を共通言語として、同じ認識で、同じようにイメージとして捉えるようにさせてください。

**仕事には目的・目標があって、期限があることを伝え、理解させる**ようにしてください。

実際にうまくいっている会社は、目標、目的には特にこだわっています。これさえしっかりできれば、会社はうまく回ります。

## 理由6 評価をお金だけで考えている

**▼人によって求める優先順位が違います。お金の人もいれば、評価ややりがい、人間関係を重視する人も**

「仕事」というと、あなたは何を最優先に考えるでしょうか？

仕事のやりがいを重要視する人、職場の人間関係が大事だと考える人、人によってさまざまですが、最優先がお金という、お金に対する執着度が高い人は一定数います。なかでも承認欲求ややりがいが低くて、お金の執着だけが高い人は、楽をしてお金をもらいたいと考える傾向にあります。権利だけを主張して、義務を果たさない人はこのタイプであり、そんな人を雇ってしまうと大変です。周りを巻き込んで、権利を主張することもあります。こんなタイプの人には、楽をして成長することはないことを上司が教えてあげるしかありません。長期的に考えて、自分が成長した方が得であることを教えてあげてください。

お金の意識も高く、承認欲求も高い人は、評価システムと連動させると働きます。認められて、評価が上がると、モチベーションが上がります。

もちろん、経営者はお金の意識がある方がいいです。ただ、経営者はお金よりもやりがいや、認められたい気持ちが強い人が多いです。自分に自信のある人ほど、他人の目をあまり気にしません。自分に自信がある人は承認欲求が低かったり、そんなことに興味がなかったりするからです。

仕事においての優先順位は何なのか?

承認欲求が高い人、低い人、精神性、やりがいなど、人それぞれ価値観自体が変わるので、その人のことをよく知っておかないとマネジメントは空回りします。

優先順位は想像以上に違いますので、それに応じたマネジメントをしていただきたいと思います。

## 理由7　責任から逃げようとしている

### ▼責任をとって、初めて自分の思い通りになることが可能になってきます

居心地のいい状態でいたいがために、責任から逃げようとする人が増えています。自分の人生を自分の思い通りにしたい人は多いですが、同じぐらいに責任から逃れたいという人もいます。これは非常に矛盾しています。自分の人生を思い通りにしようとすると、責任やリスクも伴います。時々、依存する人がいますが、そうすると、責任は他人がとることになるので、他人のコントロール下に置かれてしまうことになります。

人は、防衛本能があるため、困っていることがないのであれば、変化することを嫌います。しかし、変化をしないのであれば、残念ながら人生は好転することはありません。

周りに合わせておけば、自分もうまくいった時代というのが一時期ありましたが、今は

自分の居場所は自分で作っていかないといけない時代です。一度、贅沢をすると元に戻れないように、成長していかないと取り残されるリスクがあります。

面接のときに、得意なことや、苦手なことを聞く場合があります。そのとき、「苦手なことはありません」と答える人は、とてつもなく優秀な人か、もしくは長い期間成長していない人のどちらかです。この場合、成長していない人の方が圧倒的に多いです。こんな人は成長していないので、自分のことがわからないのです。

私自身コンサルタントをしていますが、16年前に独立してから、当時持っていたコンサルの知識を大きく変化させてきています。変化に応じた努力や成長をしていかないと、賞味期限が切れてしまうと思っています。変化をするのは、時間がかかったり、お金がかかったりすることがありますが、それをしないと、取り残されてしまうという危機感を持ってやっています。

2020年から世の中は急速に変化をしています。周りが急速に変化しているなら、こちらも変化していかなければなりません。あまりにも居心地のいい状態にいると、少しずつダメになってしまいます。人は楽をしたり、居心地のいい状態のまま成果物を手にしたいと思う傾向にありますが、やはり、責任を取っていかないと、自分の人生、思い通りにコントロールできないのです。

お金を稼いでいる人は、お金を稼ぐ以上にいろんなマーケットや市場に価値をたくさん提供しているからこそ、稼ぎ続けることができます。稼ぎ続けるということは、責任を取り、信用を積み重ねているのです。

責任を取りながら仕事をしている人と、逃げるように仕事をしている人ではどちらが売れるでしょうか？　責任がついてくるのは当然のことです。

日本人は、完璧主義で失敗したくないと考える人が多いため、特にビジネスについては緩やかな変化を好みますが、だからこそ、気づいたときには手遅れにならないように注意してください。

# 理由8 クライアントに意識を向けさせせていない

**▼クライアントに意識を向けさせないと、内側に意識がいき、身内のあら探しをするスタッフが出てきます**

これは、非常に大事な話です。スタッフの意識が内側に向いている組織があります。「私はこれだけ頑張っているのに、Aさんは働いてない」、「あの人の時給は……」、「あの人の仕事内容は……」など、スタッフが他のスタッフの文句や批判をするようになると、スタッフ全体のモチベーションが下がってきます。

意識が内側に向いていると、人はついつい人のあら探しをしてしまいます。自分から見て、ココがおかしい、ココが間違っているというようなことを本能的にしてしまうのです。

そんな組織は要注意です。実際、100点満点の人なんていません。それに、そんなことをしても意味がありません。仲間を傷つけるだけです。一緒に同じゴールを見ていかなければならないもの同士ですから、意識的にいいところを見てあげなければいけません。

クライアントやお客様に意識が向いている組織は、**クライアントを喜ばせる努力**をしています。そして、もし実際に問題が起これば、チーム一丸となって、改善しながら、乗り越え、どんどん成長していきます。

結局、クライアントやお客様をどれだけ理解して、寄り添って、共感したり、お客様に合わせたサービスを提供するかです。お客様の為にと思っているのに、お客様やクライアントの希望とズレているサービスをしていることがあります。うまくいっているところは、患者様やお客様の立場からその背景までを理解して、寄り添い、どんぴしゃりの商品やサービスを提供しています。

そんな対応をしているので、当然満足度が高くなります。

それをすることによって、感謝されたり、喜ばれたり、貢献している人は幸せを感じ、お客様を喜ばせたという自信が、自尊心を高めていきます。

経営者や管理者はスタッフの意識自体をクライアントやお客様に向けさせるようにしてください。向けさせることができれば、組織はどんどんと拡大していきます。

# 理由９
# 仕事のマインド教育ができていない

## ▼仕事とは、を共通言語にできていますか？

次もこの人と仕事がしたいと思う人もいれば、逆に、もうこれ以上一緒に仕事をするのは無理だと思う人がいます。その違いは何でしょうか？

それは、仕事観の差が原因です。

仕事というのは、やはり相性がいい人とすると、共有が早いので、効率もよく、生産性が上がります。

一人ひとりが仕事に対する価値観を通して、アウトプットをしています。

人によっては、お客様の喜ぶ顔が一番だという人もいれば、楽をして稼ぐことが一番だと考える人もいます。

仕事に対する価値観は、優先順位に表れます。

優先順位は、最初の職場で無意識にすり込まれ、多くの人がその優先順位が正しいと信じています。よって、部下は、前の職場の優先順位で仕事をしている可能性があります。いつでもできるような仕事を、忙しい時間にし、余計忙しくしている部下はもしかして、優先順位があるということを知らないかもしれません。よって、上司は、優先順位をしっかりと伝える必要があります。上司が教えないとわからないのです。


人の仕事観は千差万別です。同じ環境で育っている兄弟だって仕事観が違います。だから、すり合わせる必要があるのです。

仕事観が一致していれば、仮にあなたに部下ができたとしても、何も言わなくても勝手に動いてくれたら、今後はとっても楽になります。

部下を持ったことがない人でも、まず自分の気質を分析して、自分に合うスタッフだけ集め、気質を理解したマネジメントをしていけば、心配はいりません。

## 理由10 相性が悪い人を採用している

**▼採用前にテストで分類して採用しないと、相性が悪い人を採用してしまいます。相性が悪いと教えても育ちません**

相性が悪い人というのは、価値観が違う人のことをいいます。価値観の違いは、インプット、アウトプットの脳の使い方の違いなどがありますが、それよりも、頭に入ったものの解釈自体が違うので、その違いから相手のことが理解できないこともあります。

上司になる人は、人に役立つことが喜びであったり、認められたいというような価値観を持って、頑張ってきた人が多いです。そんな中で部下がお金を稼ぎたいだけの人になると非常に厄介です。そういう人は、子どもっぽい人が多いので、自分のしたミスを隠そうとする傾向がありますし、すぐばれる嘘をつく人もいます。

そんな組織で、上司が部下を平等に扱おうとすると、優秀な人は頑張っていることがばからしくなって辞めてしまいます。平等に扱えば扱うほど、組織がおかしくなってしまいます。

相性の悪い人を採用しない方法として、最初から今のスタッフで、とにかくテスト分析をして、相性がいい人と悪い人を理解しておきます。

新規の採用のテストをするときにそれと見比べながら、相性のいい人を採用していきます。

私のところでも、新規で開業されるドクターの方とコンサル契約を結んだ場合、まずドクターの気質の分析をします。それから、今勤務している病院のアルバイト先などのスタッフの相性分析をして、あらかじめ相性がいい人と相性が悪い人を理解してもらいます。そして、自分は、どんなタイプが合うのか、合わないか知った上で、新規採用をしてもらっています。

また、相性が合うかどうかというのは、上司のタイプによっても違います。

相性は人それぞれですが、一般的には、人間関係のトラブルの多い人は、自己評価と客観評価がズレているため、従順度が低く子どもっぽいです。素直じゃない人、ミスをしても謝らない人もマネジメントが難しい場合もあります。

しかし、**面白いことに、ある人は扱えなくても、他の人だったら、扱えるというケースもあります**。ですから、**一概にこの人がダメということはありません**。

スタッフ全員が従順度が低く、上司が高かったというケースもありますし、従順度が高い人でも仕事が面白いと感じ、自信がついてくれば、自分が主体になって動くこともあります。これらもタイプによって変わってきます。

相性が悪い人がいる場合、それなりに部下のモチベーションが上がるポイントを考えて、分析しながら、その人に合った方法を構築した方がいいでしょう。

しかしながら、相性がいい人であれば、気にする必要もないので、結局相性がいい人を雇うことが効率がいいのでしょう。

## 理由11
## 成長を感じてモチベーションが上がる仕組みがつくれていない

人というのは、ついつい居心地のいい状態にいたがるものです。しかし、長期的にそんな状態が続けば、成長も変化もないので、だんだんと面白くなくなってきます。そんなときは、無理をしない程度で、成長していると感じるような時間を作ることが大切です。そこで、部下が成長を感じて、モチベーションが上がるワークがあります。

### ❖成長を感じてモチベーションが上がるワーク

まずは、部下に理想の状態を書いてもらいます。それから、その横に今の自分の状態を書き、そのギャップを比べていきます。そこから、期限を決めて、理想の状態にいくには、何をどれだけするのかということを明確にし、アクションプランを立てていきます。

月に1つでも2つでも大丈夫です。何をいつまでにするかは、スケジュールにも組み込んでみましょう。それを実行していく中での成長段階において、少しずつ違う景色が見えてきます。

趣味でも何でも上達すれば面白くなってくるものです。また成長したら、上司が褒めてあげるような仕組みができているとさらにいいでしょう。基本的に自尊心を高めてあげると、人は職場に来るのが楽しくなります。相手のいいところを探して褒めてあげてください。

逆に、注意する場合の伝え方には注意をしなければいけません。

部下の中で、否定をするだけやここが悪い、ここを直せという話だけにすると、こちらは、人格を否定したつもりはないのに、人格を否定されたと感じてしまう人がいます。

自尊心が低い人ほど、人格を傷つけられたと感じてしまい、自分を守りたいという気持ちが強い人は、攻撃してくることがよくあります。

こんなふうにならないために、まず、最低2つは褒めてあげてください。そして、直す部分を1つだけ伝えてください。直すところについても、例えば「お客様より先に挨拶した方がいいですよ」というように、行動をする部分にフォーカスして伝えると、人格を否定したことにはなりません。

そうしていくうち、スタッフの方から職場を良くするための提案があったり、管理者が何もしなくてもスタッフが成長していって、そうすることが当たり前の状態になっていきます。

マネージャーや管理者はスタッフのモチベーションを上げるのが仕事です。相手の気質によって、指導する方法も違います。部下が成長を感じて、モチベーションが上がる仕組みを作っていきましょう。

# 理由12 人の時間を奪って仕事をするスタッフがいる

**▼仕事を覚えず、仕事を聞きながら仕事を進めるスタッフはいませんか？
聞かれる人の時間と給与を奪っていると思いませんか？**


あなたの部下でこんなスタッフはいませんか？

知らないことを自分で覚えようとしないで、人に聞きながら仕事をしている人です。人に頼りながら仕事をするような依存的な人は成長しません。

そして、毎回聞くということは、聞かれる人の時間と給与を奪っていることになります。結局その仕事は、２人で１つの仕事をしていることになります。

もし、こんな人が職場にいる場合は、効率を悪くしている、迷惑をかけていることを誰かが気づかせてあげる必要があります。

今後、オンラインでの仕事が増えると、仕事ができる人と、そうでない人の差が顕著に表れてきます。

オンラインでの仕事は、成果ありきです。目に見えた成果物がないと、なかなか評価するのが難しいです。

こんなふうに、人に聞かないと仕事ができないような人については、仕事の範囲を狭くしたり、評価が低くなることを伝えなければいけません。

いずれは、人に聞きながらでは仕事ができなくなりますが、今後、このような人の入社については、最初の段階で入社させるかどうかを、見極めていく必要があります。

いかがでしたか？

以上、労務マネジメントがうまくいかない12の理由を挙げてみました。

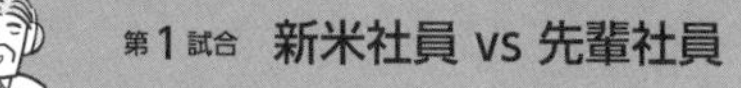

コメンテーターの湖面亭太です。

これ一体誰に教わったんです？
きちんと社内規格に沿った形で作り直してください

え…は？直属の上司であるお前から教わったやり方で作った資料なんですけど…
は…はぁ

もっとこまめに確認しないと面倒くさいなこの人…
そうしますがほかの業務もありますので
いつまでにお渡しすればいいですか？
自分で決められませんか？
言われたとおりにやるだけが仕事じゃありません

離せっ！一緒に働く相手がこんなんじゃ先がないでしょーが！
様子を見よう！もう少しだけでも様子を見ようよ！
落ちつけ
落ちつけ

おっとぉ！開始早々無意味な叱責！本当に「誰に教わった」かを聞いているわけではない！責めているだけ！微塵も生産性のない質問にただただ戸惑う後輩ぃ！

あなたに教わったんだという心の声はなぜ言わないのでしょうか？

言わないのではありません。言えないのです。それが会社のルール！掟！デスティニー！受け入れざるを得ないのです。

なるほど 謎です。

さて新米、負けじと立て直す。相手の動向を見据えた無難な質問を試みるが… あぁ～！っとしかしここで先輩から渾身のダメ出し！これはきつい。

以前新米の判断で進めた時に「勝手なことをするな」と釘を刺していながらのこの発言。これはポイント高いですよ。

やはり効いている。思わず手を止める新米社員。単純作業が進まない！目の前は真っ黒。毛髪は真っ白です。おっと？ここで心の中の天使と悪魔が争っているようです。

心の中の天使が騒ぎそれを悪魔が必死に宥めていますね。

新米の転職に対する前向きな基本スタンスが窺い知れます。

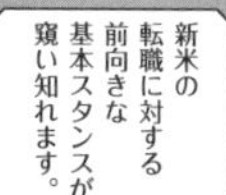

なるほどThis is オフィスwar. 戦うべきは敵か自分か！先輩社員の今後にも目が離せません！

新米の背景が歪んできた所で残念ながら第1試合は終了です。中盤の盛り上がりに期待しましょう！

# 第２章

# 相性分析とは？

前章では、労務管理でうまくいかないほとんどの理由が、価値観の違いが原因であることをお伝えしました。この章では、私が採用やコンサルティングのときに使っている相性分析の紹介をしたいと思います。

企業でも、採用試験のときに心理テストをしたり、面談をすることがありますが、私の相性分析においては、精神科の先生と一緒に仕事をする中で、さらに一歩踏み込んだ精度の高い分析を行っています。

### ・相性分析とは？

相性分析は、性格、潜在（顕在）意識、五感、脳の癖など数えきれない程の要素から成り立っています。

まずは、その一つである五感について、例を挙げて説明します。

経営者もスタッフも、自分が体験した出来事や情報を「視覚、聴覚、体感覚」のどれかを通して認識した後、人に右利きと左利きがあるように、右脳メインで情報をインプットする人もしくは、左脳メインでインプットする人がいます。

今までの経験から価値観を通して解釈され、右脳メインもしくは左脳メインでアウトプットしています。同じ情報をインプットしたとしても、過去の経験や価値観、気質により、全く違う行動、アウトプットになってきます。それも左脳から論理的に行動がアウトプットされるタイプと右脳から感情的にアウトプットされるタイプがあります。

それらの組み合わせから分析し、導き出すので、その結果は１００通り以上にもなります。

相性分析は、採用時にしていますが、コンサル先からの依頼があれば、いつでも分析しています。経営者や管理者も自分自身のタイプを知る必要があるので、社員全員を分析することが理想的です。これまで、のべ１万人以上の相性分析テストを行ってきました。

**・相性分析をすることの有効性**

相性分析をすると、自分のことや、スタッフのタイプがわかります。仕事観などの価値観が似ている人は、わかり合えることが多いので、仕事の説明をする際も簡単な説明だけで言わんとしていることが伝わります。

これはもともと過去に似たような経験をしているせいか、共通の価値観を通してコミュニケーションを取っています。考えることや行動が似ているので、共感、共有が非常に早いです。共感・共有があると自然と距離感が近く感じるので、コミュニケーションがとりやすくなります。

逆に価値観が違うということは、距離感が遠く感じてしまいます。

距離感を感じると、コミュニケーションが取りにくくなって、自分が正しいという違う価値観を押し付け合うことになり、トラブルが起こったり、更に距離を感じてしまいます。

ですから、双方同じものが同じレベルで見えるような共通言語を作っていかないと、コミュニケーションがとれません。相性が良いならいいのですが、悪いのであれば、そのすり合わせをやっていかないと、イメージ通り仕事が進まなかったりしますので、意識のすり合わせや共通言語の構築は非常に重要になります。

気質が似ている人が職場にいるということは、自分の分身に近い人がいてくれるようなものです。ですから、手間をかけずに求めているような組織を作りやすいといえます。そんな組織を仕組みとして作って行けば、管理者が指示しなくても組織自体が自動的に動いていきます。そして、自動化している組織は、人件費が下がります。スタッフが辞めないことによって、採用コストや教育コストも下がります。

クリニックや病院でいうなら、スタッフがいい状態だと、患者様が「受付の方の感じが良かったから、あの病院へ行こう」や「あの看護師さんは親切だからあのクリニックに行こう」となり、リピート率が上がります。

職場の雰囲気がよければ、お客様も増え、悪ければ、お客様も減ります。たとえ、スタート地点で同じ状態であっても、1年経つと売上が違ってきます。業界相場の60％ぐらいで人件費が収まっているコンサル先もあるので、その浮いた40％がまるまる利益になってきます。

職場の雰囲気がいいところは、仕事のコミュニケーションだけではありません。

企業は、運動会やレクリエーションをするなどして、仕事以外のコミュニケーションを積極的に図っていますが、それは、現場のスタッフ、リーダーの双方向コミュニケーション（話しやすい、相談しやすい）を上げるためです。

今は新型コロナウイルス感染症の影響で飲み会はできませんが、以前、実際の職場で、飲み会をやめてしまったときは、お客様が減って、売上が落ちたそうです。そこで、飲み会を再開したところ、お客様が増え、売上が上がったそうです。

人は感情があるので、仕事以外で人間関係を作る場所が必要です。これは、オンラインになればなるほど大切なものになってくるでしょう。

## ・相性分析を構成するさまざまな要因

### 1．性格（タイプ）

相性分析の中で、性格は重要な要因になります。

スタッフの中には、素直な人もいれば、素直じゃない人もいます、協調性が高い人もいれば、そうでない人もいます。合理性が高い人もいれば、子どもっぽい人もいれば、従順度が高い人もいます。一緒に仕事がしやすいのは、素直な人、協調性が高い人、従順度が高い人、大人な人、論理的な会話ができる人です。

上司よりも合理的でロジカル思考の人は、上司の矛盾にも気づいてしまいますので、そこを理解して使う必要があります。そうしないと、部下が上司を信用できなくなってしまいます。

今、日本という国は大きく変化してきており、**一人ひとりの意識を底上げしていかない**

と、**本当に強い組織は作れない**ようになってきています。

また、働き方の多様化により、一生同じ企業で働き、他の職場を経験したことがないという人は非常に少なくなってきています。

インターネットもあり、いろんな経験ができる時代なので、仕事の選択肢も幅広く、いろんな価値観があるからこそ、性格の合う人を採用するか、合わない人を採用してしまうかによって生産性の差が大きく違ってきます。

ですから、**相手の気質によってマネジメントを変えることは、今後必須**です。

社員全員が相性分析のテストをして、気質を知る必要があります。部下がテストをするのはもちろんですが、上司は、自分もテストをして、自分の問題点を把握しておかないと、上司であっても無意識的に同じ失敗を繰り返します。

マネージャー、リーダー、経営者も、自分の気質を分析して理解しておけば、人の使い方もマネジメントも変わってきます。

## 2．潜在意識・顕在意識

潜在意識、顕在意識も相性分析をして行く中で重要な要因になります。
顕在意識とは、自分で認識できる意識のことです。潜在意識は自分で意識していない意識、つまり無意識のことをいいます。人間の意識は、意識できないところでたくさん働いており、顕在意識は全体の意識の1割にも満たないといわれています。

島国である日本は、村社会であった時代が長かったせいで、共同体における連帯意識が強く、少しでも目立つことをすると、〝村八分〟という言葉通り、攻撃されたり、疎外されたりすることがありました。人と同じようにしなければいけないという意識が日本人には強くあります。そんな中で、顕在意識と潜在意識がズレている人も多いのです。中にはそのズレの正体がわからず、苦しんでいる人もいます。

ただ、この問題も上司が潜在意識と顕在意識のズレを理解していると、ズレの部分をフォローしてあげて、部下のモチベーションを上げることもできるので、マネジメントにも活用することができます。

　例えば、医療現場では、女性にテスト分析を行うことが多く、主婦の方に多く見られる傾向として、潜在意識と顕在意識がズレていることが挙げられます。

　自分は出世することに興味はなく、肩書は求めていないと口では言われますが、いざテストをし、分析結果を見てみると、社会的に評価を得たいと思っている人が多いのです。

　主婦の方は、仕事も頑張り、家では家族のために頑張っているのに、認められ、評価される機会はなかなかありません。家庭でも家族にしていることが当たり前のようになり、仕事でも評価の言葉がなかったりします。そうなると、社会の評価には興味があっても興味がないと自分で無意識のうちにむりやり納得しようと思ってしまうのです。

　そういう人は、能力を褒めてあげたり、評価をしてあげると、非常にモチベーションが上がります。

　上司が部下の自尊心を高めることができたら、変化が起こる可能性があります。いろんなことを許せるようになったり、自分から動くようになったりすることもあります。人は成長したことを実感すると、仕事が面白くなります。よって、マネジメントの中に少しずつ成長していけるような仕組みを入れ込んでおくといいですね。

## 3. 五感

五感のうち何を優先させてインプットしているか、アウトプットしているかというのも、相性分析の要因の一つです。

表1を見てください。

五感は、視覚、聴覚、触覚、味覚、嗅覚ですが、相性分析では、主に視覚、聴覚、体感覚に分類します。まず、視覚の人は見ることによってインプットします。画像として捉えたり、イメージすることが得意です。絵を描いたりしてアウトプットします。

聴覚の人は、聞いていた言葉などをよく覚えていたりしますが、聞いたり、文字を読んだりすることでインプットします。考えたりすることも得意で、書くことでアウトプットします。

体感覚の人は、感じたり、触ったり、嗅いだりすることでインプットします。やってみ

| 優先順位 | インプット | 解釈 | アウトプット |
| --- | --- | --- | --- |
| 視覚タイプ | 見る | イメージする<br>画像として思い出す | 絵を描く |
| 聴覚タイプ | 聞く・文字を読む | 意味を考える<br>計算する | 話す、歌う<br>文字を書く |
| 体感覚タイプ | 触る・嗅ぐ<br>食べる<br>感じる | 味わう | 身体を動かす<br>ボディランゲージ |

表1．コミュニケーションにおける優先順位の違いについて

ないとわからないという人はこのタイプです。身体を動かしたり、ボディランゲージすることでアウトプットします。

これらは、生まれつきのものではなく、環境によって、優先度が変化するとも言われています。優位性、どの感覚を強く感じるかは、人によって違ってきます。どれか1つに偏ることなく、バランスの良い人もいます。

上司も一度伝えてしまえば、もう指導は終わっていると思っている場合がほとんどですが、部下も視覚、聴覚、体感覚タイプの人、さまざまです。

部下が視覚タイプであれば、イメージを描かせたりするような説明をしないと理解が弱い場合があります。

また、体感覚タイプの場合、言葉で説明しただけでは通じていない、わかったと言ってわかっていないというケースがあることを頭に置いておくべきです。

以前、ホームページを作った際、男性のお客様が多かったので、「女性のお客様を増やしたいのですが、女性の人に受けるようなホームページに変更したい」と言われました。「女性受けがいいように変更することはできますが、そうすると、男性のお客様が減りますよ」とお伝えしました。

そこで、男性のお客様をこのまま維持するために、女性専用のホームページをもう一つ作った方がいいですよとアドバイスし、女性受けがいいように、画像や写真を多く使ったホームページに仕上げました。

その結果、男性のお客様は全く減らずに、女性のお客様が圧倒的に増えました。医院のホームページを作る際、小児科や耳鼻科は、お母さんが子どもを連れてきます。ですから、視覚に訴えるような写真やイラストを増やし、優しいイメージで捉えやすいように工夫しています。逆に男性のお客様に来ていただきたいときは、写真よりも文章で説明することを意識しています。ホームページは、来て欲しい人に合わせて、入口の展開を工夫するとより多くの方に読んでもらえるようになります。

## 4. 利き脳について

右利き、左利きがあるように、脳もどちらの脳を優先させるかという脳の癖があります。
右脳はイメージを司る脳で、左脳が論理と言われていますが、情報が入ったときの脳の使い方として、右脳でインプットして、右脳でアウトプットする人もいれば、左脳でインプットして、左脳でアウトプットする人もいれば、それぞれがクロスしている人もいます。

表2を見てください。

どちらの脳で、インプット、アウトプットするのかによって、気質が変わってきます。
右の脳でインプットし、右の脳でアウトプットする人は、思ったことが顔に出やすいタイプです。このタイプの人は、好き嫌いがはっきりしていて、好きな人にはとことん尽くしますが、一旦、嫌いになると、同じ空気も吸いたくないぐらいの気持ちになってしまい

**左左脳タイプ**（インプット左脳：アウトプット左脳）

- 正しい、正しくないで物事を見てしまう
- 完璧を目指すので、考え過ぎて前に進まない
- 他の人の矛盾に気づきやすい

**左右脳タイプ**（インプット左脳：アウトプット右脳）

- 基本いい人
- 思っていることが他の人からわかりにくい
- （無意識に）喧嘩を避ける
- 喧嘩を避けるために、伝えるニュアンスを変えてしまうことがある

**右右脳タイプ**（インプット右脳：アウトプット右脳）

- 一瞬で顔に出る
- 直感を重視する
- 好き嫌いがはっきりしている
- 自分の気持ちを理解してくれるかどうかというのが重要
- 好きな人にはとことん寄り添ってあげたいと思うが、嫌いな人は徹底的に嫌う
- 女性で母性本能が強い人に多いタイプ

**右左脳タイプ**（インプット右脳：アウトプット左脳）

- リーダーに向いている
- 目標を立てると達成する確率が高い
- 目標ができると、それ以外のことに興味がなくなる
- 家庭でさえ目に入らなくなる人もいる

表2．4つの脳のタイプ

ます。

母性本能が強く、弱った人に愛情深く接することができる人は、右右脳タイプです。分析してみると、圧倒的に看護師に多いタイプです。右の脳でインプットし、左の脳でアウトプットする人は、目標を達成する力があり、リーダータイプだといえます。しかし、目標しか目に入らなくなるので、家庭を壊してしまわないように注意してください。

左の脳でインプットし、右の脳でアウトプットする人は、基本的にいい人です。しかし、いい人がゆえ喧嘩を避けようとするため、伝えるニュアンスが人によって変わってしまったりします。左脳でインプットし、左脳でアウトプットする人は、正しい、正しくないで判断してしまう傾向にあり、考え過ぎて前に進まないことがあります。

本質的にはこのタイプでも、周りの環境や経験によって変わってくる人もいます。苦労して多くの経験を積んでいる人ほど、右脳、左脳が両方バランスよく使われている人が多いです。理由は、最初どちらかの脳を使っていたが、うまくいかなくなり、両方バランスよく使えるようになったというケースがあります。

上司が部下の脳の癖を知っていると、非常に仕事がしやすいです。右脳からインプットするタイプであれば、共感してあげるなどして、感情の部分でフォローしてあげたり、左脳からインプットするタイプであれば、理路整然と説明したり、部下やスタッフのタイプによって、伝える工夫をすると理解してもらいやすいでしょう。

# 職場バトルロワイヤル 職バト！

## 第2試合 毎朝コーヒーが冷める理由

スマホでメールと日程チェ…あぁ〜っと！やはり邪魔が入りました！

まぁセオリー通りっちゃあセオリー通りですね。

「すみません」の一言で全てが許される堂々とした切り込み。

先輩を気遣うモーションも忘れていないですね。

単純な業務についてであれば後回しにしたい所だが「本日の会議について」と言われれば断りづらい巧妙な一手。

まぁ自分もその会議の関係者というところも大きいですね。

さてここで温かな珈琲は一旦ベンチへと下がりました。

厳密に言うとデスクですね。

資料作成について教える先輩。教わる後輩。そして背後ではそれを二つの意味で温かく見守る珈琲。

非常に優れたフォーメーションです。

# 第3章
# 相性分析を用いた採用と労務管理

### ・採用について

どんな人を採用したらいいのですか？　とよく聞かれますが、「上司や経営者と相性が合う人を採用してください」と伝えています。上司を分析し、上司のタイプによって、合う人を採用すれば理想的な組織になります。ここからはよい人材に入ってもらうための採用についてお伝えしたいと思います。

**求人前**

どんな人が欲しいのか、どんな考え、どんな価値観を持った人を求めているのか、どんな人と一緒に仕事をしたいのか？　あまりにも違い過ぎると、打ち合わせをした際、言語が違うぐらいの違和感があります。面接のときに応募者にわかりやすく伝えるために、それらを明確にしておく必要があります。

**求人広告**

基本、ほかの業種の広告がいっぱい載っているため、消耗戦になるような広告です。その中で目立つような広告を出さないと反応はあまり良くありません。特に専門職の人などは専門職の転職会社に登録して、そこから就職するとお祝い金などをもらえるメリットがあることから、求人広告の媒体を見ない人が増えてきているので、工夫が必要になってきています。

求人費用を安くしたいと考える人は多いですが、できるだけ多くの費用をかけてよい人材を確保することが目的だと考えていたほうがよいでしょう。

例えば採用したうち、開業して3ヶ月で3人が退職した場合、研修時の費用、3ヶ月分の給料、教育した時間、教える側の給与なども投資したことになります。

退職者が多いと、そういったもろもろの費用だけで、全体で年間数百万円飛ぶような組織が普通にあります。採用した人が辞めずに何年も働いてくれると、そのような損失は出ないわけで、求人の広告費用をけちるのとよい人を採用するのとどちらが得でしょうか？分母が大きくなればよい人が来る確率は当然上がります。

### ・面接について

まず、採用する側が挨拶し、簡単に相手に自己紹介をしていただきます。いきなり自己紹介を振られると、その人の普段大事にしているものが自然に出てきますので内容をしっかり聞いておく必要があります。

また、面接で嘘をつく人もいます。質問をした後のレスポンスの速さが大切です。レスポンスが遅い場合はその場で考えていることもあるので、その場合は特に掘り下げて聞いていきます。

質問項目の中に過去を思い出させる質問や、理想の状態を考えさせる質問など、パターンを分けて質問されることをお勧めします。

過去を思い出す場合、ほとんどの人の目線が左側に動く傾向があります。

嘘をついたり、未来を想像させる質問の場合は右に動く傾向があります。これは人によって傾向が違うので、面接の際に過去と未来を想像させる質問を入れておき、事前にその人の癖を把握してから面接をするのもいいでしょう。

相性分析は、性格、潜在（顕在）意識さまざまな要因が絡み合っているので、結果は、100通り以上あります。それに「相性」なので、合う人もいれば、合わない人もいます。ですから、一概にこの仕事が向いている！　と決めるのは少し難しいのですが、今回は少しでもわかりやすく、身近に感じていただくために、分析結果をいくつかのパターンに分類してみました。

## ❖経営者や管理者に向いている！　リーダータイプ

リーダーは周りのみんなをゴールに連れていく人のことです。

このタイプは、一旦目標を立てると、目標を達成することが一番大事なことになるので、一直線に頑張ることができるタイプです。ただ、目標以外のことが見えなくなり、極端な人は家庭さえ見えなくなる人もいます。そんな人は最初から家族との時間をスケジュールの中に組み込んでいる人もいます。

□ 目標を立てるとできるだけ早く達成したいと思う（目標達成中毒）
□ 行動が論理的である
□ 目標・目的に夢中になり過ぎて、他のことに意識がいかない
□ 他人に貢献している
□ 全体像を把握することができる
□ お客様の立場から、組織の立場からなど物事が正しく見えている
□ 社会性がある

### ❖ 母性本能が強い！　愛情溢れるナースタイプ

ナースに多いタイプで、組織よりも一対一の関係が得意です。感情的になればなるほど視野が狭くなってしまうので、本人自身に全体像を意識させる必要があります。

□ 感情的である

□ 好きな人にはとことん尽くす
□ 嫌いな人とはかかわりたくない
□ 好き嫌いで判断する
□ 困っている人を見ると、ほおっておけない
□ 人がいい
□ 一瞬で考えていることが顔に出る
□ 人のためになることに喜びを感じる
□ 感情的に反応してしまう

## ❖人との距離感を詰めるのがうまい！　接遇・接客タイプ

人の顔色を見るのがうまいです。子どものころ、○○屋さんのお嬢ちゃんと言われていた人など、家庭に商売が入り込んでいた人はさらに向いています。

□ 相手が喜んでくれることにやりがいを感じる
□ 実家が商売をしている
□ 自尊心が高い
□ 共感能力がある
□ お客様が喜んでくれることが楽しい

## ❖目標達成の意識が強い！　営業タイプ

リーダータイプに似ています。営業は経験を積んでいる人の方がわかっています。相手をきちんと理解できる方が向いています。徹底的に目標達成にやりがいを感じる方が多く、目標達成のためには自分を変化させることもできます。

□ やりがいが強い
□ 仕事の意識がある

□ 自分のことが大好き（自尊心が高い）
□ 営業の場数を踏んでいる
□ 相手を理解できている
□ 目標達成にやりがいを感じる
□ お客様を喜ばせることが好き
□ 相手の心をつかむのがうまい
□ 相槌を使い分けることができる
□ 相手を傷つけない

### ❖ 技術職に向いている！ 職人タイプ

孤独に耐えることができます。男性に多いタイプです。

□ 論理的である

□ やりがいが強い
□ どんなことでも一度立ち止まって考える

## ❖一緒に仕事がしやすい！ 従順タイプ

仕事がしやすいのは、能力の高い人、そして、テスト分析で相性がいい人です。

□ 学生時代、理不尽なぐらい上下関係を経験した
□ 最初の上司が理にかなっていて厳しかった人
□ 従順度が高い
□ 大人な人
□ 正しい正しくないが理解できる
□ 相手の立場が理解できる
□ 物事を俯瞰してみることができる

□ 「チームのために」という思考ができる
□ 他人に貢献できている
□ 自尊心が高い

### ❖リーダーには向いていない⁉　組織混乱タイプ

視野が狭い人は全体が見えていないため、組織を混乱させるので、リーダーには向いていません。また、相手の顔色を窺（うかが）ったり、喧嘩をしないことが目的になってしまっている人は、組織をまとめることが苦手です。これらの特性が多いリーダーは意識的に変えていかなければなりません。

□ 感情的である
□ 好き嫌いで人を判断する
□ 好き嫌いが激しい

□　喧嘩するのがストレスのために指示の内容を変えてしまう人
□　ついつい人の顔色を窺ってしまう
□　何を考えているのかわからない
□　喧嘩をすることが嫌なため　目標から遠ざかる
□　全体的に見るのが苦手
□　なかなか相手の立場を理解できない

## ❖マネジメントできる人が限られてくる?!　要注意タイプ

自分のことしか考えておらず、全体が見えていない人です。これにたくさんチェックのある人が部下になった場合は、仕事の範囲を小さめにして、得意なところを探してあげるようにしましょう。

□　能力があまりに低い

□ 集中力がない
□ 仕事の意識が薄い
□ 協調性がない
□ 我慢強くない
□ 従順度が低い
□ 性格が子ども
□ わがまま
□ 素直じゃない
□ 自分のことが大嫌い
□ 心が折れやすい
□ ストレス耐性が弱い
□ 仲間を傷つける

# 職場バトルロワイヤル 職バト!

## 第3試合　部署代表戦@喫煙室

第3試合ステージは変わって喫煙ルーム! 閉ざされた空間噂話に花が咲き副流煙が舞う!

早くも2人から3人に増えて待ってましたという感じです。

非常に高い人口密度を保ってのコミュニケーションが展開されていますね。

そうですね。話題は手近な存在の評価に終始しているようです。堅実な試合展開を見せています。

「仕事が早くて雑」が後になって「仕事が早くてミスが多い」に言い換えられていますからまぁ身体が温まって勢い付いた証拠でしょうね。あ… あら?

あ… おっと?これは残念。勢い付いた所でホイッスルです。どうやら会議前に1本吸いに現れただけのようです。

他の2人も後から来た彼のプレイに圧倒されて下がっていきます。ここで噂話はリセットされてしまうんでしょうか?

アイツらと話すと他人の悪口ばかりでイヤになるなぁ…

まぁたしかに延長戦は見込めなさそうではあります。しかしこういう場合はなかなか解散のタイミングが掴めない選手も多いですからある意味メガネの彼のプレイに助けられたとも考えられるでしょうね。

なるほど。
それなら喫煙ルームを出た3人の足運びの速さにも納得がいきます。

激しい三つ巴の戦いと言うより結託してのチームプレイを期待する展開ではありましたが…。

そこまで発展しなかったのはやはり喫煙ルームという場所の狭さが関係しますか?

いえ本来であれば狭いほど結託しやすいものです。今回は時間制限という要素が大きいと言えます。

さあ次回はいよいよ最終戦! どのような展開になるのか楽しみですね。

# 第４章
# 相性分析をして業績がアップした医院・企業の実例

相性分析をして業績がアップした医院・企業の実例1

## 開業して1年、退職者ゼロです！

愛知県　経営者　A様

**・相性分析を取り入れたところ、どうなりましたか？**

新規採用に相性分析を取り入れ、受付の採用をすることにしました。

人の能力には大きな差があると聞いていましたが、テストをした人に**優秀な人が多く、**そのうち2名を採用しました。

1名は、非常に優秀な方、もう1名も、分析結果が、物事を俯瞰（ふかん）して見ることができるタイプで、バランスが取れているということでしたが、実際にその通りで、全体の流れを理解して仕事をしていました。2名とも**非常に優秀な方を採用できたと思っています。**

有資格者は、私が元在籍していた職場から連れてきました。

受付の人と同じようにテスト分析を行うと、彼女は右脳でインプットして、右脳でアウトプットする感情的な人であることがわかり、好きか嫌いかで人を見てしまうので、資格者としては非常に優秀ですが、リーダーとしては、あまり向いていないと分析されました。

その後、配偶者の転勤などの退職がありましたが、人間関係でのトラブルなどでの退職はありません。結果、**開業して1年間、退職者はゼロです。**

いいスタッフを採用するためには、応募者をたくさん集めることが肝心だと思います。**分析テストをしないで、採用というのは、今では考えられない**し、相性分析抜きで選ぶことはできないと感じています。

いいスタッフが入ってくると、未来は変わってくると信じています。

**・採用してみて、相性分析との相違はありましたか？**

採用してみて、テスト分析をした人は、テスト通りだということがわかりました。

**・労務のストレスはありませんか？**

資格を持っていると、給与も通常より高く、就職先もすぐ決まるので、簡単に辞める傾向にあり、起業前は、先輩からスタッフの労務管理が大変と聞いていましたが、私の場合はノーストレスです。

**・人件費の割合について**

業界平均は、18％ですが、現在の人件費は11～12％です。

相性分析をして業績がアップした医院・企業の実例２

## スタッフの気質によって、指導のアプローチを変えています

兵庫県　Ｂクリニック　院長

**・相性分析を取り入れて、開業したところ、どうなりましたか？**

スタッフとの相性は非常に大事だと感じていたので、まずは私との相性を最も重要と考え、採用しています。ですから、相性があまり良くない人は、各部署に１人以下にしました。

スタッフの気質によって、**指導のアプローチを変えていきました。**また、スタッフにも理念教育、理念の共有をするようにしました。

すると、家庭でも旦那様に「どうすれば、理念に沿ったいい組織ができるか？」というような話をする仕事熱心なスタッフもいます。

**・採用してみて、相性分析との相違はありましたか？**

相違はなかったです。物事は勝手に動くし、ズレた方向に行かないです。**仕事の意識が高く、優秀な人を採用できた**と感じています。

**・労務のストレスはありませんか？**

勤務シフトの組み方の問題はあり、100％希望通りとまではいきませんが、労使関係やチームワークのストレスはほとんどありません。

スタッフに対しても**業務に関して安心感があって、任せられる**感じがしています。

今後も**相性分析は絶対に必須である**と感じています。

相性分析をして業績がアップした医院・企業の実例3

# ストレスが10分の1に減ったので、事業の拡大に意識が行くようになりました

大阪府　経営者　C様

**・どんな問題を抱えていましたか？**
**相性分析を取り入れたところ、どうなりましたか？**

起業前、労務は大変だと先輩から聞いていました。起業して1年目は、面接・採用は自分の主観でしていたので、本人の本質を見抜けておらず、スタッフが辞める・辞めないの大騒ぎの状態が最大のストレスでした。

テスト分析をするようになって、客観的に分類できるようになり、自分と性格が合う

人を選びやすくなりました。

またスタッフも能力が高く、方向性や考えをもとに、**自動的に動いてくれます。仕事が早く、非常にやりやすいです。**

**人件費が下がっており、**今後は相性分析なしでは採用しないことにしています。

**・採用してみて、相性分析との相違はありましたか？**

今のところ、分析をして採用した方なので、大きなミスマッチはありません。相性のいい優秀な人が入っています。性格的な相性が一番大きいです。

**・労務のストレスはありませんか？**

ストレスが10分の1に減りました。労務の問題が無くなったので、**事業の拡大に意識が行くようになり、気持ちもプラス**になりました。

相性分析をして業績がアップした医院・企業の実例4

# 仕事が自動化して、勝手に目標に進んでいってくれています

福岡県　労務管理担当者様

**・どんな問題を抱えていましたか？**

**相性分析を取り入れたところ、どうなりましたか？**

スタッフは、タイプ別にアプローチすることが最も労務管理で効率がよいことがわかりました。

相性分析を取り入れてから、**非常に人間関係が良くなりました**。私も相手を否定しなくなりました。誰が正しくて誰が間違っているではなく、「そういうタイプのこういう考え方の癖なんだから、そのように対応したらいいよね」と常に言っています。

ですので、分析結果に合わせています。

うちは感情的な人と目標に向かって一直線なタイプが混在していて、目標タイプは自分で考えて、自分で仕事を作ってプレゼンしてくれているスタッフが4人います。

それぞれ**自動化して勝手に目標に進んでいってくれています**。反発することもありますが、目標のすり合わせさえきちんとできれば、勝手に自動化しています。

**・採用してみて、相性分析との相違はありましたか？**

分析通りでした。目標タイプは、スイッチの入れ所がポイントで、そこさえわかれば、面談の回数を増やして信頼関係の構築をした方がいいと感じています。

起業前は経営者側が強くて、雇われている人は決められた仕事をする人だと思っていましたが、**スタッフ一人ひとりと向き合わないと、組織は成立しない**んだと気づきました。

自分で変わったことは、うちの方針はこうだから、あなたの持っているこの能力をうちのここに生かしてほしいと伝えています。

スタッフとは、きちんと話しあって、何に興味があるか、どういうことが好きなのか。そこに焦点を当てて仕事を振ったほうがいいですね。

一人のスタッフは、最初うちのどの仕事もいやだ、全部したくないと言っていましたが、今は新しい事業がすごく楽しくて、一番頑張っています。外から、仕事をもってくるときも、どのスタッフにふるのがいいのかを考えて持ってくるようにしています。

そんなふうにやっていると、スタッフが興味のあることを仕事にしてくれる雰囲気になってきて、スタッフから、あれやりたいこれやりたい、と言ってくるようになってきました。

**・労務のストレスはありませんか？**

今はありません。ようやく職場の空気感ができ上がってきたと感じています。

今後、スタッフを採用するときも、**相性分析を活用していきたい**です。

相性分析をして業績がアップした医院・企業の実例5

## オープンして4年。2名増えましたが、退職者ゼロです

茨城県　Aクリニック　院長

**・相性分析を取り入れて、開業したところ、どうなりましたか?**

自身の分析がしっくりきました。性格や行動パターンなどの説明に納得がいきました。採用する段階でそれを見てどうこうというより、**気質を理解してからの関係性づくりに生かす**ことができました。こういうタイプだから、こういう行動をするんだということがわかり、タイプ別にアプローチを変え、対応することができています。

**・採用してみて、相性分析との相違はありましたか?**

優秀な方が入ってきました。最小限の人数からスタートしたので、能力が低かったら回らなかったと思います。

**・労務のストレスはありませんか?**

私の苦手は左脳右脳タイプです。右脳右脳タイプには救われている部分もあります。気質やパターンがわかるので、受け止めやすいです。タイプによって対応を変えていて、タイプ別にマネジメントの仕組みを作るのに役立っています。

よって、あまりスタッフのコントロールはしておらず、**自動化している側面があります。任せておけば回っていて、そのストレスは少ない**です。

相性分析は、新しい方が入ってきたときはマストだと思います。

**・人件費の割合について**

人件費の比率は平均17~18%の科目ですが、自院は13%です。

相性分析をして業績がアップした医院・企業の実例6

## 相性のいい人は、違うと思ったことがあっても、説明すればわかってくれます

兵庫県　経営者　D様

**・相性分析を取り入れたところ、どうなりましたか？**

相性分析を取り入れる前は、労務的な知識が無かったので、権利の主張はするが、義務を果たさないスタッフが多かったように思います。

「これ以上のことはやりません」、「私はできません」と、自分の仕事を勝手に決め、任せることができないスタッフばかりを雇っていました。お蔭でスタッフのことを信用できず、銀行は自分で行っていました。

相性分析をすると、最初からある程度の気質がわかるので、言った方がいいことや言わ

ない方がいいことなど、対応の仕方が楽になりました。

言葉で人を傷つけることが減ったと思います。

**・採用してみて、相性分析との相違はありましたか？**

**優秀な人、相性のいい人が入ってきている**ように思います。相性のいい人は、違うと思うことがあっても、説明するとわかってくれます。

どういうタイプが自分と相性がいいか分かっているので、人柄を把握して雇いたいです。

**・労務のストレスはありませんか？**

**ストレスほぼゼロです。**

面接の時はすごいいい人に見えるが、テストしたら印象と違って、実際働いたら違うケースがあるので、テストはしたほうがいいと思います。

今後も気質分析を活用していきたいです。

**・人件費の割合について**

人件費の比率は、わが社は10・7%です。

相性分析をして業績がアップした医院・企業の実例7

# うまく職場が回るようになりました

山口県　O病院　医院長

**・相性分析を取り入れて、開業したところ、どうなりましたか？**

開業前はどんな人が入っても、まとまっていくんじゃないかなと幻想を抱いていました。実際、私とタイプが合わない人といっしょに仕事をしてみると、すごいストレスになるのがわかりました。合わない人が退職していき、合うタイプの人ばかりになると、**うまく職場が回るようになりました。**

**・採用してみて、相性分析との相違はありましたか？**

最初のころは、そのタイプが本当に合うタイプなのか、わかりませんでしたが、数ヶ月や1年くらい一緒に仕事をしていると、テストのタイプがあっているなというのが実感できました。結果的にはいい人が入っているなと思っていて、うちのクリニックにいてほしい人、いてほしいタイプを採用できています。

**・労務のストレスはありませんか?**

職場環境的に、相性のいい人が入ってまとまってきているので、大きな労務のストレスはありません。相性診断を活用し、生かしていかないと、せっかくのいい環境がぐちゃぐちゃになっていくので、すごく恐ろしいです。

## 職場バトルロワイヤル 職バト！

### 第4試合 誰一人歩み寄らない会議

さぁ いよいよ最終戦！

オフィスといえば会議 会議といえばオフィス。

序盤から先輩社員が隣の課の社員を攻める！

絶妙な距離感を保ちつつタメ口はデフォルト！

それは…私に全部やれってこと？
いやいや そうは言ってないですが…
彼にこの仕事を任せるのは早かったんじゃないんですか？
会議室

すみません
PC

淀んだ雰囲気を出してますが彼には効いてないみたいですね。至って冷静です。
それより突然攻め込まれた新米くんが心配ですね。

あ！ここで出ました！先輩の愛です！

なるほど、そう来ましたか。

できる範囲だけでは成長しない
自主性を育てるためにも私はこの企画を彼に任せているの
にしてもアンタはフォローしなさすぎ
え…そうだったの？

自主性を育てるという発言。いかがでしょうか湖面さん？

紙一重ですねぇ。やはりこの先輩、地味に見えてトリッキーな戦術を多用する傾向が強いようです。

…まぁどうやら陰で過保護に教える先輩もいて成長は芳しくない様子だけど…
ギクッ
すみません

とにかく彼の業務に滞りがあればコチラにも影響が出てしまいます
調整すべきです
納得しろよ
ムッ…

さて！ここでなんと先輩によるもう一打！対象は自陣の後輩社員！

蝶のように舞わず、蜂のように刺して来ましたね。
意外なようでいて第1試合からの彼女の動きを思い出すと予想できた流れとも言えます。

いやぁしかしここで明らかに経験の差が出ているようです。後輩2人の視線は虚空を泳ぎ、対する隣の課の社員はまっすぐセンターを見据えています！

ここまでのようですね。

第3試合でスピーディな活躍を見せた彼の正攻法によりここで幕引きとなりました。ここまでの解説は私 貝世津雄と

湖面亭太でした。

# 第5章

# 相性分析と5つのキーワードでスタッフマネジメントを促進する

### ・5つのキーワードが、あなたの会社を自己実現のように複利で成長していく状態にする

相性分析と5つのキーワードが、あなたの会社を自己実現のように複利で成長していく状態にしていきます。

複利で成長していく状態に、というのは、私のコンサルのテーマみたいなもので、コンサル先が開業したときに、先生方には「1～2年で地域でナンバーワンになりましょう」ということをお伝えしています。2年目、3年目は既に地域でナンバーワンになっているケースが多いので、地域での競争相手がいなくなります。そうすると、自分と競争するということになります。よって、自分との競争をしていけば、自然と自己実現していくことになります。それを実現していく状態にするために大事にしているものが、相性分析と今からお伝えする1～5になります。合わせて考えてみてください。

### 1．理念とビジョン

ここでいう理念とは、経営理念のことを指します。

経営理念とは、企業が持つ「何のために経営をするのか、経営そのものに関する考え方、目標、手段」のことで、企業活動を行う際、指針として用います。社会に対してどのような役割を果たせるのか、どのような影響を与えられるのかといった内容が含まれることもあります。

つまり、理念とは、ビジネスをするにおいての根本的な考え方のことをいい、理念を共有するということは、同じ共通言語を持つぐらいの意味があります。理念自体が、目的・目標になり、やっていることが理念自体に直結し、かつ一貫性を持ち、ブレずに積み上がっていけば、組織は大きなパワーを持ち、自動化して成長していきます。

面白いもので、お客様やスタッフに共感してもらえる社会性を携（たずさ）えた理念を体現した仕事というのは、一生懸命やればやるほど、お客様から感謝されたり、大きな喜びがあったりします。そんなとき、仲間内で臨場空間が生まれることがあります。熱を帯びたようなことを体験したりするときに、そこに理念や信念が入っていると、エネルギーがどんどん大きくなっていくので、人は、それに巻き込まれます。

経営者でうまくいっていない方は、理念と実行がブレていたり、その理念自体に社会性がなく、独りよがりだったりします。ですから、まず経営者やリーダーは最初にしっかりと理念と共通認識の理解をしておかなくてはいけません。

理念に基づいて考えれば、大事にするものと大事にしなくてもいいものが明確になります。よって、無駄なことをしなくてよいので、スタッフの時給価値が上がります。その時給価値を上げること自体が、マネジメントの生産性を上げるポイントの一つになります。そこの理解がなければ、ミーティングや打ち合わせもできないので、理念は何よりも大事です。

一方ビジョンとは、企業が掲げる目標達成のための筋道や将来像をまとめたもののことです。一度確立したら大きく変わることのない理念とは違い、ビジョンは、業績や市場の状況などに応じて変えていくことができます。また、頭の中にイメージできないと、行動しにくいため、イメージできるものでないといけません。部下の気質を見ながら、現場に徹底的に落とし込んでください。落とし込めば落とし込むほど、目標に近づいていきます。

## 2. 仕事観

仕事観とは、仕事の意義や価値付け、目的など、仕事に対する考え方のことです。仕事観とはその時代、その経験、その背景など過去の経験などによってすり込まれると言われていますが、今まで付いた上司の影響を受けていることが多く、上司が変わると仕事観が変化することがあり、今後も変化していく傾向があります。

### 仕事観も人それぞれ

仕事観で仕事に対しての優先度も違ってきます。

・仕事を優先するタイプ……自分が主体となって仕事をしている。仕事の中で達成感だったり、仕事で認められるなどプラスの体験をした人。それを、仲間と一緒に体験したり、問題があっても自分の力で乗り越えた人。仕事を自分で作り出していく。

・仕事以外のことを優先するタイプ（プライベート思考）……プライベートのために仕事をしてお金を稼いでいる。人に言われたことをする。どちらかというと、自分で責任を取りたくない、楽をしてお金を稼ぎたい人が多い。仕事を優先するタイプだった人でも、子どもができると家庭が優先になる人もいる。

同じ仕事をしていても、やりがいや自己実現のために仕事をしている人もいれば、給料だけで仕事を決めてしまう人などさまざまですが、それは仕事観の違いです。仕事観もビジョンと同様にすごく大事で、価値観が一緒だということは、言語が一緒だというぐらい大切なことで、逆に価値観が違うと別の言語で話をしていると思うぐらいに違います。

仕事において、似たような苦労をしている人は似たような仕事観ができあがっています。そこをテストや分析をして、仕事観が似ている人を採用すると、仕事観が上司と合うので、当然部下も素直に働くことができ、伸びていくので、ものすごく育てやすくなります。

しかし、仕事観については、厄介なことが一つあります。

それは、人それぞれが自分の持っている仕事観が正しいと思っているところです。

仕事をしていて、同じ組織なのに全くゴールに向かうことができなかったり、トラブルや不都合なことが何度も起こったりする場合は、仕事観の違いが大きな原因であると考えられます。

日本自体は年功序列や終身雇用制度が長期に渡り定着していました。

そんな中で、価値観教育ができましたが、昔は組織の中で所属していると、愛社精神や帰属意識という理由から仕事の価値観もさほど差はありませんでした。

しかし今は、終身雇用制度もなくなり、皆が色んな経験をしていることから、価値観が多様化しています。よって、仕事をする前に、雇用する人の価値観自体を経営者やマネージャーなどが知る必要があるのです。

1章でも書きましたが、仕事観は、仕事の優先順位で明らかになります。

ですから、リーダーは、「この優先順位で仕事をしてほしい」ということを教える必要があります。よく、うちのスタッフは仕事がわかっていないという経営者や管理者の声を聞くことがあります。しかし、これは優先順位の価値や優先順位の判断基準を教えていないからです。

個人の経験も人それぞれです。仕事観が個人に大きく影響する社会人経験をスタートさせた時期が、高度成長期かもしれないし、バブル世代かもしれないし、就職氷河期かもしれないし、その後かもしれない。仕事に対するセルフイメージ一つとっても、根拠のない自信をもっていたり、全く自信がなかったり全然違ってきます。価値観が違う人と同じ会話はできなくて当たり前です。

だから、そこを合わせないといけない訳で、合わせないままでいると問題が起こります。ですから、まずは仕事の優先順位、優先順位の理由、その基準の背景や理由を教えるようにしてください。

ただ、大きい企業になると、部署特有の価値観もあります。

例えば、経理部門は、自然と内部に目がいきますし、営業部門はお客様とダイレクトに繋がるので、お客様の立場が一番理解できやすかったりします。組織や役割ならではの価値観がありますので、その部分もすり合わせておく必要があります。

## 3. 仕事の意識

仕事に対する意識とは、「仕事に対する心構え」といっていいでしょう。仕事の意識も高い人と低い人がいますが、それも人によってさまざまであり、ずっと掘り下げていくと、子どもの頃からの環境が影響しています。

仕事の意識が高い人というのは、仕事は自分を成長させてくれるものであり、仕事を通じて自己実現できる、社会に貢献するために仕事をしていると捉えています。そんな人は、努力し、勝手に成長していきます。

しかし、仕事の意識が低い人というのは、周りの環境によってある程度は育ちますが、どちらかというと楽をしたいので、新しいことを始めようとすると抵抗勢力になることもあります。

しかし、これはずっとそうだと言っているのではありません。意識が低い人も、上司の影響や人間環境などいろんな要素によって変化をする可能性もあります。

相性分析を何度かしていくと、最初は仕事の意識が低かった人が、そこのリーダーや経営者に寄ってきたりするケースもあります。

相性がいい人の下についた人は、いい人の周りの環境の影響を受けて、変化していくこともあります。意識が高い人、低い人によって、そこの仕事の生産性とか時給の提供価値自体も変わってきます。それ自体もテスト分析することができます。

**仕事に対する意識**

・高い人の特徴……お客様から感謝されることが嬉しいなど自分の存在価値を確認できて、それをやりがいだと感じながら仕事をしている人

・低い人の特徴……仕事をしながらも、頭の中では、飲み会のことや、家に帰ってから、ゲームをすることを考えている人

## 4. タイプ別マネジメントの重要性

自尊心が高い、左脳右脳、気質、経験によってできた価値観……一人ひとり、時代・経験・体験したこと・形成された価値観などタイプが違います。

見えているものが違うので、タイプ別にマネジメントを変えた方がうまくいきます。

同じ情報をインプットしても、右脳でインプットするか、左脳でインプットするか、インプットしたものを解釈して、アウトプットをどちらでするかで全然違います。

兄弟で同じ経験をしていても全然違います。これを知っておかないと全部同じようにマネジメントしてしまっています。

例えば、成長意欲の高い人は、細かいことは言わずに、仕事のゴールと期限だけを設定して、仕事の裁量権をある程度任せた方が頑張ります。

逆に、子どもっぽい人は、バレるような嘘をついたり、自分のミスを隠すことがあるので、最後まで任せるより、都度本人とすり合わせをしたほうがいいです。

感情的なタイプには、達成率など数字で表してもあまり効果がありませんし、逆に論理的なタイプには、具体的な事例や、証拠があると理解してもらいやすいです。

これらは、コンサルタントとクライアントの関係にも、同じことがいえます。

多くのコンサルタントは、「これで成功しないのは、あなたが（言ったことを）やらないからですよ」という教え方をします。しかし、教えられる人も気質、仕事のペースなどいろんなものが違うので、そこを理解してアドバイスをしなくてはいけません。

一人ひとり気質を分析して、その人に合うコンサルティングをしていかないと、うまくいきません。世の中に出ている本やアドバイスは、みんな同じ人だと思ってアドバイスをしています。ですから、部下やスタッフはマネジメントをするというより、支配するという考え方になってしまっています。

昔は終身雇用制度もありましたから、それで我慢すれば一生働くことができました。今まではそれで良かったのかもしれませんが、今は違います。何度も言いますが、相手の気質によってマネジメントを変えていかないといけないのです。

タイプ別のマネジメントがだんだんうまくなると、猛獣使いのようになる人もいます。

ドクターであれば、独立する前の勤務医のときから、トレーニングをしてもらっています。

今後、オンライン化が進んでいけば、日本の労働時間はますます短くなる可能性が出てきます。そうなると、どうしても今の仕事だけでは食べていけない人が出てくる可能性もあります。副業の解禁はさらに進むのではないかと考えています。

そして、副業であっても、自分の働く時間の上限が、自分の年収の上限になるので、拡大していこうと思えば、人を雇わざるをえません。そんな場合、一緒に働くメンバーが相性がいいと、業績も違ってきます。よって、タイプ別分析というのは、これからさらに生かされると思っています。

## 5. スタッフの主観と上司の客観評価のギャップの埋め方

まず、スタッフに自身の評価について自己申告をしてもらいます。

その後、上司がそのスタッフの評価をします。その2つの評価を比べ、どんなズレ(ギャップ)があるのか理解していただきます。

それから、そのズレに対して、何をすればいいのか？　何をしていけば、ズレは埋めることができるのか？　可能な限り、行動に落とし込んでいただきます。

そのときは、スタッフに対して否定だけすると自尊心が傷つきますので注意してください。

できれば、行動する部分も、必ず数値化して、見えるようにしてイメージしやすいようにしています。

その理由は、理念は夢物語ではいけないからです。

今、話題の書籍、日本資本主義の父といわれた渋沢栄一の著書『論語と算盤（そろばん）』でも、人間は「論語で人格を磨くこと」と「資本主義で利益を追求すること」の両立が大事だと伝えています。理念を掲げるだけでも、お金儲けを頑張るだけでも、それはビジネスとはいえないからです。両方のバランスでビジネスが成り立っています。また、この論語というのは、道徳のことになります。特に今は道徳が必要です。コロナでイラついている現代は社会性が求められます。何かあると批判され、炎上し、すぐ潰されてしまいます。そんな時代は、社会性がないと共感されません。

そういう時代だからこそ、攻撃しない、安心できて、みんなでほっこりするものが求められています。

また、先日ある方の「女性の多い会議は時間が長い」という発言が「女性を軽視している」と、ネット上で炎上しました。これは、コロナ禍で皆がイラついているというのもありますが、この方の発言が炎上してしまった理由は、この方が女性の気持ちをわかってあげられなかったことにあると思っています。女性の特性として、気持ちがわかって欲しいから、話が長くなってしまうのではないでしょうか？

男性は、「この情報は聞いた。わかった」という情報を受け取ることで終わりますが、女性は、相手が自分の気持ちをわかってくれたと感じるまで話を続ける人が多いです。

女性の社会進出が進んでいるのですから、女性の気質の特性も知るべきではないのでしょうか？　それに、トラブルが起こった場合は、相手の気持ちを理解する努力をして、お客様の高ぶる気持ちを下げることが先だと言われています。

これからは、上司が部下の気質に合わせて上に引きあげていく時代です。昔のマネジメントの方法では今は通用しないかもしれません。終身雇用制がなくなったり、仕事の多様化などで、同じ価値観の形成自体が昔より難しくなってきています。管理する側も相性を把握してマネジメントしていかないと非常に難しい時代に変わってきたのではないかと感じています。

# 第6章
# 労務管理を理想的にする

・労務管理を理想的にするために大切なこと「共通ゴール＝外側に価値を与える理念」

経営者の最終ゴールは、目標・目的に向かうことです。それらは、売上や利益などの数字的なこともありますが、お金だけを追いかけても続きません。理念を共通のゴールに落とし込み、その理念自体が内部ではなく、お客様や社会に価値を与える理念である必要があります。人は、社会のためやお客様のためとなると、共感できる部分があります。喜ばれたり、感謝されたりすると、人は充実感を覚えます。

労務問題があるところの多くは、スタッフの意識が内部に向いています。

上司の悪口を言ったり、内部のあら探しをしていることが多いです。人はついつい短所に目がいってしまうものですが、味方であるべき者同士でマイナスを探していては、結局、いい方向に向かうことはありません。意識を外側に向けさせないと内側に向いてしまうので、外側に価値を与える理念の構築はすごく大事です。

ですから、全員が「お客様に価値を与える」という意識で動いてください。

仕事一つするにも、お客様を前にただ単に作業をするのと、お客様を元気にして帰っていただこうと思いながら仕事をするのでは違いますよね。

経営者や管理者がブレずに理念を理解し、スタッフにはそういう意識付けをすることが大事です。

ここで、相手の立場を知って、いい雰囲気の職場を作るための、貢献ワークをしていただきます。

## ❖いい職場にするための、貢献ワーク

・同僚に貢献できるものは何か
・他の部署に貢献できることは何か
・仲間に貢献できることは何か
・上司に貢献できるものは何か
・家族に貢献できることは何か

これらすべてを考え、紙に書いてもらい、まず、一つずつでもいいので実行してもら

います。

いい職場は自分たちで作っていかないとできません。そのために、同僚に貢献できることを先にやってみましょう。

職場だけじゃなく家族にも貢献できることはありませんか？　特に医療の職場は主婦の方が多いので、残業が多かったりすると、家族から仕事を辞めろと言われることもあります。先に家族孝行をしておかないと、家族から足を引っ張られることもあります。

職場も同じように同僚などにも貢献しておくと、自分が困ったときに助けてもらえます。そうしておくと次第に、信頼関係が作りやすく、ものすごく安心感のある組織になっていきます。人は、自分は何もしていないのに、「～をしてもらっていない」、「何でやってくれないの？」と自分中心に物事を考える傾向にあります。過去に自分が何もしていなければ、返ってこないのは当たり前です。

日頃、助けているから、助けてもらえるのです。

自分のことを「私は、運がいい、ツイている」と思える人は、余裕があるので、無意識に人に貢献できることをしているそうです。貢献することを意識するだけでも組織は変わります。それに、日頃から貢献しておくと、人としても成長することになります。

## ・組織を成長させる3つの戦略

### 1．目標に向かっての成長

組織を作るにあたって、意識しておかなければいけないことは、組織の成長です。

２０２０年を振り返ると、最低賃金が上がり、有給休暇が増え、働き方改革……。

働き方改革は、労働時間が短くなっただけで、誰かの生産性が上がった訳でもありませんから、時給自体が勝手に上がり、労働者は楽をして権利を得たというようなところもあります。

更に消費税も上がり、新型コロナウイルスもあったので、現状維持をしようと思っても最低賃金は上がって、競争はますます厳しくなっています。これからは、成長を意識していかないと組織の存続は厳しいです。毎年少しでもいいので成長していきたいものです。

そこで、今の課題を知って、成長を感じるワークがあります。

## ❖今の課題を知って、それを乗り越えるために　複数の視点を知るワーク

・まず、今の課題をいくつか書いていただきます。
・書いたものを解決するために、何が必要か？　解決策は本気で探そうとするとたくさんあるかもしれませんが、その中で自分がやれそうな解決策を一つの課題に対して幾つか挙げてください。
・解決方法について、一つひとつかかわる人の名前（自分・お客様・競合）を書いてみましょう。
・立場を書いてから、その立場でどんな感情が湧いているか書いてみましょう。

私の知り合いの方で、何かトラブルや問題に遭遇すると、いつも「面白い」とおっ

しゃっている方がいます。その人は、自分自身問題が出てくるたびに成長できるのを知っていらっしゃるのですね。自分はこれを乗り越えたら必ず成長するから、それが面白いと。きっとさらに先の成長を考えていらっしゃるからなのだと思います。

## 2. 人間関係

人間関係でストレスを感じて仕事を辞める人は非常に多いです。人は安心できる状態でないと、能力を発揮できないことがあります。何かあったら攻撃されるような職場は良くありません。昔は、終身雇用制もあり、愛社精神がある人が多かったのですが、最近はその意識は薄れています。だからこそ、組織のために、明確な目的・目標に向かい、人間関係が良く、困っていると味方になってくれるような職場が理想的です。

管理者やリーダーはそういった組織を意識して作る必要があります。

新規開業や職場を最初から作る場合は、人間関係が何もないところから始まるので、過去に人間関係で悩んだ人が多く集まります。

しかし、残念ながら、結果的に人間関係が良い職場はあまり見られません。理由は皆が受け身だからです。新規開業の場合は、人間関係を自分から構築する覚悟を決める、自分たちで信頼関係を作るという意識で人間関係を作るといいでしょう。相手を理解して、思いやりを持って、人間関係を作っていきましょう。

皆がそんな気持ちになれば、いい雰囲気の職場になっていきます。

### 3．社会に価値を与える

自分が稼ぐためだけに働いていては、社会に価値を与えたことになりませんね。

あなたがした仕事は、お金を払う以上の高い評価を得ているのでしょうか？

人というのは、人のために役立っていると思うと、仕事のモチベーションが上がります。

そういう意識で一生懸命やることが、社会に価値を与えたことになり、自尊心が高まり、自分の存在を確かめることができます。

## 「労務管理、組織成長での成功」をご自身の組織に取り込むための4つのポイント

### 1．マイナス要素をなくすか、限りなく小さくする

優しい上司は、部下、スタッフ全員を平等に扱おうとしがちです。

頑張っている人、上司にはいい顔をするけど手を抜いている人、いろんな人がいますが、人を平等に扱おうとすると、人は楽な方に流れてしまうので、頑張っている人がばからしくて辞めてしまうか、もしくは優秀な人も手を抜いて、悪い側に落ちていきます。

頑張っている人も、頑張っていない人もモチベーションが下がって当たり前なので、優しいマネージャーや優しい人ほど気をつけてください。そんなときは、評価システムを作るなど、客観性ある公平な仕組みを作ることが必要になってきます。

### 2．評価システムを作る

評価制度だったり、評価が公平になる仕組みを作る必要があります。

他には、本人と上司にそれぞれ仕事の評価をしてもらい、その評価のギャップについて

話をし、本人の評価と上司の評価にズレがあることを理解させます。評価できないと突き放すのではなく、支援するという方法です。部下を応援してあげる、支えてあげるというイメージです。

ゴールに行くために何をするかを一緒に考えてあげてください。

## 3. 相手にきちんと伝えること

相手にしっかりと伝えておらず、「なんで私の言うことがわからないの？」と、思っている上司は多いようです。相手にしっかりと伝えていないのであれば、伝わっていない可能性がありますし、いくつものパターンで伝えないと理解してもらえていない場合もあります。わかったと言ってもわかっていない人は多いですし、わかっていたなら、実行する際に、いくつかの質問が出てきます。

人は、いろんなものが違うように見えていて当たり前です。内容の部分、気持ちの部分、両方で伝わっているかを確認をする必要があります。特に情報だけ伝えて、伝えたと思い込んでいる人は多いので、気を付けてください。

理念、お客様のイメージ、お客様をどういうふうにもっていくか、それを現場に落とし具体的に何をやっていくのか、同じような認識構築が非常に重要です。これを構築することによって、信頼関係も構築されていきます。

## 4. ゴールを設定しないと大事なものがわからない

多くの人は足し算で仕事をしようとしています。確かにスケジュールにも「すること」を書きますので、それで当然なのかもしれませんが、しないこと、引き算することも大事です。

やらないこと、力を抜くこと、後回しにすることを明確にしてください。

足し算は足す（していく）だけでいいので簡単です。でも足し算ばかりしていると、容量オーバーになってパンクしてしまいます。それに、仕事のスピードを速めても限界があります。

そんなときは、優先順位を決めてから、やらないことを明確にしてください。

まずは、ゴール設定をしてから、何を引き算できるかというのを考えると効率的に進みます。ゴールに近づいていくこと以外、ばっさりと切り捨てる覚悟がないと生産性は上がりません。

# おわりに

この本を最後まで読んでいただき、ありがとうございました。

2020年より日本の経済は大きく変化するときを迎えています。経営者や管理者の皆様は予想もしなかった事態に頭を悩ませていらっしゃるかもしれません。

人と簡単に会えず、コミュニケーションが取りにくくなり、時代が大きく変わっていく中で、今、必要なのは精神力、想像力、アイデア、心など人間しか持ち得ていないそれらの力ではないでしょうか。

昔は一企業に就職すると、終身雇用が当たり前で、社員の方の価値観教育がやりやすく、共通の意識や知識、マインドで仕事ができた時代でした。

しかし、今は終身雇用制は崩れていき、副業など仕事を掛け持ちすることが近い将来普通になるかもしれません。一人ひとりの経験や価値観が多様化していく中、価値観教育をゼロから昔の社員教育のノウハウで、やっていくのは効率が悪いのではと感じています。

今回この本にある相性分析を参考に、タイプによって、教育アプローチを変えることは、社員教育の効率性を上げる助けになるのではと思っています。

人件費が下がる話も本の中にありますが、相性がいいスタッフばかりだと、信頼関係が構築しやすく、組織が非常に効率化します。しかし、相性がすでにバラバラの組織もあります。こちらは人件費は普通くらいにはなりますが、メリットとして、いろんなタイプが混在すると「クリエイティブ」な組織になりやすいということを、コンサル先の結果で見てきています。

タイプを見て教育アプローチを変え、でも目的であるゴールは一つにしていけば、目標達成のスピードアップは可能で、その検証結果も出ています。

それを実現するためにも、この「相性分析入門」を活用いただければと願っています。

そのなかで、仕事が楽しくなるような仕組みづくりをしていただきたいと思います。

医療業界では看護師や医療事務など資格者の集団であるため、簡単に辞めても新しい仕事がすぐ見つかるため、離職率が高いです。そんな業界ですが、私のコンサル先のスタッフは職場の雰囲気がいいコンサル先ほど、会議の時に「5年後、10年後の理想の未来」の話を楽しくされると聞いています。

「未来の話」はスタッフの方ご自身が、その未来に自分が存在する前提で話をされています。

そこには、信頼関係があって、理想の未来から逆算した現在の課題が見え、共通目標として実現していく組織があります。

そして、その場面でこの本がお役に立ちますことを心から願っております。

最後に、2点だけ
この本を購入いただいた方にこの本に載せていない内容の筆記型のテストとその読み方

を記載したＰＤＦファイルのプレゼントを考えています。

是非見ていただきたいので、https://aishobunseki.com をクリックしてみてください。

もう一つ、編集の岡田さん、コンサル先の経営者の方、リーダーの方、この本の制作にかかわったすべての人にお礼を申し上げます。

ありがとうございました。

小副川英史

**小副川 英史**（おそえがわ ひでふみ）

**スタッフ採用・労務管理コンサルタント**
**医院開業戦略コンサルタント**

全国規模の医療コンサル企業より 16 年前に独立。
医院を中心とした経営コンサルタントとして、OSC（オープン・サポート・センター）と医院開業に役立つ情報発信サイト『医院開業戦略コンサルタント小副川』を立ち上げる。

現在は、全国の企業や医院を中心に、新規開業のコンサルティングと、1 万人以上の採用分析、採用後の労務管理、開業後の経営コンサルティングを行う。

# 組織を自動化させる リーダーのための相性分析入門

2021年5月31日　初版第1刷

著　者　小副川英史
発行人　松崎義行
発　行　みらいパブリッシング
〒166-0003 東京都杉並区高円寺南4-26-12 福丸ビル6F
TEL 03-5913-8611　FAX 03-5913-8011
https://miraipub.jp　MAIL info@miraipub.jp
企画協力　Jディスカヴァー
企　画　田中英子
編　集　岡田淑永
マンガ　さわぐちけいすけ（P83,102,118,137）
シナリオ　星井博文（P1~32）
作画　深森あき（P1~32）
カバーデザイン　永井 貴（株式会社トレンド・プロ）
本文デザイン　洪十六
発　売　星雲社（共同出版社・流通責任出版社）
〒112-0005 東京都文京区水道1-3-30
TEL 03-3868-3275　FAX 03-3868-6588
印刷・製本　株式会社上野印刷所


ISBN978-4-434-28845-6 C0034